농소 김종만 시인 특선시집

풀리는 물은
꽃의 살이 된다

도서출판 댕글

시인의 말

시란,
강변 모래톱에 늘려있는 돌밭의 자갈을 닮은
물떼새 알입니다.
시인은
목과 다리가 가늘고 긴, 한 마리
물떼새입니다.
독자는 알이 부화해서 입을 벌리는 소리를 듣는
사람들입니다.

말갛게 씻긴 돌밭에 물돌을 닮은 알을 낳아,
굴리고, 굴리고, 키워내는 물떼새 모습은
가장 아름다운 시를 부화시키려는 시인의 모습일 것입
니다.

그 알에는
바람과 비, 천둥과 번개, 밤하늘의 별과 달, 뜨거운 햇살, 흐르는 물소리, 밤이 내리는 산 그림자.
온갖 자연의 아름다운 시어들이 들어 있습니다.

물떼새는 외롭고 힘들지만 가장 작고도 큰 시인의 꿈, 그 자체가 아닐까요!
나는 작고 볼품 약한 이 시집 속의 한 마리 물떼새로 책갈피 위에 종종걸음을 쳤습니다.
행복의 부화가 되길 바라면서….

        2023. 계묘년 신춘가절에 만개, 농소, 김종만

농소 김종만 시인 특선시집

●차례●

시인의 말/ 만개, 농소, 김종만

제 1 부

풀리는 물은 꽃의 살이 된다

- 012/ 영춘심
- 013/ 애처로움
- 014/ 수양버들 저 푸른 것이
- 015/ 풀리는 물은 꽃의 살이 된다
- 017/ 전주 합죽선
- 018/ 울고불고 살다간 그 새가
- 019/ 이 길 위로 걸어 나와 봐요
- 020/ 방죽머리에 담긴 봄
- 021/ 월출산에 달 뜬 날은
- 022/ 약속
- 023/ 소쩍새는 밤새워 울지만
- 026/ 남은 내가 어쩌라고
- 027/ 한 배미의 세레나데
- 029/ 뻥튀기 소리
- 030/ 개망초는 아픈 추억도 없겠지
- 031/ 바람개비가 돈다
- 033/ 고추밭 풍경
- 034/ 초여름 한낮
- 035/ 전위예술
- 036/ 구절초
- 037/ 눈치 귀신
- 038/ 홍시, 그, 홍시를 아십니까
- 041/ 봄비

제 2 부
사랑은 뛰어와서 걸어가는 것입니다

- 044/ 갈증
- 045/ 그리움
- 047/ 동안거
- 048/ 입춘
- 049/ 봄바람의 정체
- 050/ 감기와 사랑
- 051/ 손금
- 053/ 오매, 봄바람 나겠네
- 054/ 오월
- 056/ 볼우물
- 057/ 청산도
- 060/ 하현달
- 061/ 거울
- 062/ 멸치
- 063/ 개밥 바라기
- 064/ 충만
- 065/ 연꽃1
- 066/ 연꽃2
- 067/ 초승달
- 068/ 강물에는 금을 긋지 않았네
- 069/ 햇살의 풍경화
- 070/ 비둘기와 평화
- 071/ 코스모스
- 072/ 단풍의 현혹

제 3 부

바람은 흔드는 것이 아니고 씻는 것입니다

- 076/ 더디 가게 하소서
- 077/ 너무 닮은 사랑
- 078/ 당집들이 있는 풍경화
- 081/ 이렇게 사는 남자, 정말 웃긴다
- 083/ 빅토리아 꽃
- 086/ 매미
- 088/ 가을, 먼 배회의 시원
- 090/ 간이역
- 092/ 갑사 저수지
- 093/ 나의 손가락 한 마디만 내어주이도
- 095/ 개불에 대한 고찰
- 097/ 고추잠자리1
- 098/ 고추잠자리2
- 099/ 그리움이 머무는 곳
- 101/ 단풍잎 하나
- 102/ 靑馬청마 본 사람 없소
- 104/ 힘줄의 노래
- 106/ 인사동 길
- 108/ 이슬
- 109/ 참 이슬
- 111/ 밭 한 뙈기가 온통 난리가 났네
- 113/ 눈물이 아름다운 계절

제 4 부
세월은 짐을 지고 가지 않습니다

- 116/ 봄빛의 나이
- 117/ 당신의 무덤가에
- 118/ 감꽃 지던 날
- 119/ 냅 두면, 안 되겠니
- 122/ 고무신이 담는 소리
- 123/ 광인과의 하루
- 125/ 잔인한 봄은 다시는 오지 마라
- 127/ 새파랗게 살고 말렵니다
- 128/ 개구리 소리
- 129/ 성뭇길 회상
- 132/ 六月의 노래
- 134/ 명아주 장
- 135/ 대숲이 하는 말
- 137/ 슬픈 역사
- 138/ 인생살이 참 엿 같지요
- 139/ 황혼
- 140/ 사모곡
- 142/ 갑사 가는 길
- 144/ 미련한 놈만 짖는 마을
- 145/ 곱사 할머니 등 펴러 가던 날
- 147/ 癌 癌, 망망함을 찾아간다
- 150/ 가을 바보

제 5 부

사랑은 가을에 아물고 봄에 덧나는 것입니다

- 154/ 구례, 그 깊은 골의 산수유꽃이
- 155/ 하루
- 156/ 물푸레나무가 여기에 있었구나
- 157/ 내 몸은 위대해요
- 159/ 가을을 걷다 보면
- 160/ 백야의 매미
- 162/ 민들레 꽃
- 163/ 세한도歲寒圖 속에 세한도를 그린다
- 166/ 내복 한 벌
- 167/ 추심의 성찰
- 169/ 방파제
- 170/ 춘장대 백사장에서
- 172/ 억새와의 대화
- 173/ 전신주가 하는 말
- 174/ 까치밥
- 175/ 낙엽이 쓰는 시詩
- 177/ 겨울 안개
- 178/ 설 준비하는 아내
- 179/ 석류
- 180/ 내가 나를 찾는 계절
- 181/ 목련꽃의 꿈
- 182/ 영흥도로 가라

제 6 부

마지막 가지고 갈 단 한가지

- 186/ 계룡산을 바라보며
- 187/ 그 겨울의 연이 오른다
- 189/ 보리암 낙조
- 191/ 그냥은 억새가 내세의 꽃이 될 수 없다
- 193/ 길의 고갈
- 195/ 월정사 길
- 196/ 할미꽃
- 198/ 영정 속 얼굴
- 199/ 당신의 무덤가에
- 200/ 막걸리 맛
- 202/ 손자놈 고추 이야기
- 203/ 숲의 마음을 빌려드리겠어요
- 208/ 동종이 왜 울겠습니까
- 209/ 세월의 얼굴
- 210/ 우포늪 우주
- 211/ 단풍잎 물드는 이유
- 212/ 하현달 그 기다림의 고통
- 213/ 춤추는 점들이 되겠나이다
- 215/ 수월 관음상
- 217/ 癌암 치료
- 219/ 품향
- 220/ 쓸쓸하다

농소 김종만 시인 특선시집

제 1 부

풀리는 물은
      꽃의 살이 된다

영춘심

이른 봄
아침 햇살을 빨고 있는
논바닥에
자작자작 침이 돈다.

풀림의 미학, 봄
아지랑이가 기지개를 켜는데
갇힌 듯 산 생명들
아직은 시린 물에라도
가슴 방망이질로
사랑을 빨고 싶다

복사꽃 물에 떠올 때면
빨랫줄마다
사랑을 펄럭펄럭 늘고 싶다

시린 손 비비며
붉은 뺨 들키고 싶다

애처로움

봄바람이 두려워
냉이꽃이 얼굴을 숨기고
옆눈으로 보고 있었다

햇살이 살을 뻗으면
정신이 몽롱하고 아찔해져서
꽃눈만 깜빡거렸다.

봄바람이 일어서보라는 데도
바짝 엎드려서
더 깊이 몸을 심고 있었다

지은 죄도 없이
죽은 듯이 살아야 하는
팔자인지를
지나가는 내 발목을 잡고
묻고 있었다

수양버들 저 푸른 것이

이팔청춘인데 어쩌면 좋아라.
이내 몸은 이미
내밀히 젖어 있소

춘향이 허리는
자꾸만 그네를 타고 싶소.

담 너머로만 엿보던 바람이
쌍여닫이 대문 밀고 들어서면
파랗게 질린 이내 몸 이사,

내사, 이러실 줄
애시당초에 알았지만
수줍은 듯 감춘 이내 속내를
곁눈 흘겨본 눈빛에
포럼, 포럼, 싹이 돋아 버렸어라.

어르고 돋우는 내 임아,
안고 업고 눌작시면
이네 가냘픈 팔 이사,
실비로 구름을 감아 내리듯
임 안고 널어져 버릴라요.

풀리는 물은 꽃의 살이 된다

울타리 옆 작은 도랑이
닫았던 숨을 쉬기 시작했다

엄동설한에는
흩어지면 죽는다면서
엉겨 붙어 얼어있던 도랑물들
저린 몸 뒤트는 틈 사이로
햇살이 비집고 들어와
몸을 풀어 놓는데

찬 것은 사랑이 아니라고
가던 길 멈추고 누워
몸으로 보여주고 간 자리가
질펀하다.

자박거리고 도랑에 깔리던,
파인 자리부터 먼저 채워주고
흐름을 이루고 가는 물
얼어서 굳어있던 시간의 겨드랑이에
손을 넣으면,

화를 얼려둠이 생의 무의미라는 것을
이미 알고 있는 대지는
간지러운 몸
깔깔거리고 웃어서 봄이 온다.

바람이 지나는 길목마다
파랗게 되살아 난 물
색깔까지 바꾸어
분홍빛 꽃살이 된다.

전주 합죽선

접었다 펴면
분주한 삶 바람으로 산다.

담백하고 질긴 문화의 바탕
곧은 뼈마디 자존심 세워
무명두루마기 받쳐 입어면,

훨, 훨, 훨,
조선의 선비정신

바람이 선다.
바람이 산다.

청솔에 학을 날리고
안개 강에 편주도 띄우고
손끝으로 폭포를 내리고
손끝에서 새가 울고
손끝으로 우레를 부르고...

접고 누우면 그림 같은 삶
가슴에 담고 잠든 듯 꿈을 꾼다.
멋으로 다시 펼칠 꿈을 꾼다.

울고불고 살다간 그 새가

작년에도
울고불고 살다가 간, 그 새가
올해도 또 왔습니다,

나는, 잘 아는 사람처럼
그를 맞습니다,

내가 태어나서 성장한 곳도
고향이지마는
뒤돌아보니,

내가 울고불고 살다가 온
곳들은, 다
내 마음의 고향입니다

고개 가웃 둥,
지는 산벚꽃 가지 사이에서
기억을 찾고 있는 그를

등이라도 툭 치며
눈빛을 흐려주고 싶습니다.

이 길 위로 걸어 나와 봐요

모두 아스라한 봄의
둑길 위로 걸어 나와 봐요
저, 길 끝의
마지막 그리움이 되어야겠어요.

새파랗게 돋아난
이, 순진한 것들과 새롭게
입도 맞추고,
볼도 비비고.

바람이 밟고 지나가겠다면
길을 비켜주라 하고
모질게 밟힌 것들은 일으켜도 주고.

공연하게 길을 막지 마세요
길을 남겨 두고 가면
저렇듯 뒤가 돌아다 보여요.

아스라한 봄의 둑길을 바라봐요
실상은, 가을보다 더,
살이 붉어지도록 그리웠던 마음을
피워내고 싶어져요.

방죽 머리에 담긴 봄

방죽 머리 갯버들
봄바람에 빨려 입술 터버렸다

새벽부터 물안개 속에서
숨죽이는 바람
햇살이 산머리에서 바라보면
안개를 털며 부산을 떠는 미풍

감미로움에 몸을 긁는 물살
윤슬의 춤
중천으로 비켜서는 해가

눈살에서
살을 뽑는다

윤슬: 햇빛에 물살이 반짝거리는 잔물결

월출산에 달 뜬 날은

달이 영암에 내리는 날은
월출산 산정에 누워
꼬박 뜬눈으로
생밤 지새우고 가신다지요.

오가는 길목에선
덕진강이 왼손을 잡고
서호강이 오른손을 잡고
영산강은 아예, 허리를 끌어안고
바다로 흘러가서는
빠져 죽고 말잔 다지요.

월출산이
저렇게도 잠 못 자는 날은
바닷물도 만조로 차올라서
섬들도 숨이 가빠
죽을 것 같다지요.

문학기행 중 월인당에서

약속

어머니같이
봄비가 입으로 물을 뿌리면서
마른 낙엽들을
촉촉이 누르고 있어요.

겨우내 입고,
버릴 때가 된 옷이라도
다림질해서
쌓아 두려나 봐요

옷 속에서
봄에 다시 만나자는
친구의 엽서가
나왔어요.

소쩍새는 밤새워 울지만

너는 울고
나는 들어야 한다
밤을 새우는 건
이제야,
너와 나의 어리석은 일상이다

세상이 바뀐 걸 너는 모르고
나는 너의 앵무새다

가슴을 온통 찢어놓고 떠난 것은
다시는 돌아오지 않는다는 걸
이 세상 속에서 알았으면
이제 우리는
울음을 바꿔야 한다

우리의 영혼이
가야금 줄이었던 시대는 가고 없다

비단 올, 그 생명선아,
벽오동, 그 빈 가슴아,
끊어진 너의 혼이 우랴!
찢어진 나의 가슴이 우랴!

봄은 돌아오고
우리는 또, 사랑을 하고

세월 따라 가버린 사랑에는
눈물보다는
미련을 닦을 손수건을
흔들어 주면 된다

그리고
눈으로 끓어 넘치게 사랑을 하고
가슴앓이 같은 건
지나가는 바람 앞에 놓아두고
무뎌진 시선을 밟고 서서
다시 올, 봄을 기다리면 그만,

뻐꾸기는 탁란을 하고,
젖꼭지는 한 번도 빨리지 않은 새가
노래로 새끼를 키우고,

뻐꾹, 뻐꾹, 뻐꾹,

내 귀가 뻐꾸기 울음으로
이명을 앓으면

행여, 세월의 가슴에다
뻐꾸기가
둥지를 틀까!

남은 내가 어쩌라고

개구리가
저리도 우는데 어쩌라고

어쩌자고, 어쩌자고,
달이 저리 밝은데 어쩌자고,

어쩌라고, 어쩌라고,
나는 혼잣데 어쩌라고,

봄이 깊어
세상에는 시로가 짝을 맞추자고
저리도 아우성인데
나는 혼잣데 어쩌라고,

귀촉도, 귀촉도,
달이 밝아서 네가 우랴!

너는 저승에서
혼만 와서 울고

나는 이승에 있어서
혼이라도 가려고 울고

한 배미의 세레나데

물 잡은 논배미가 올봄도 또 알몸으로
축제를 시작한다.
별들을 관객으로 앉혀놓은 달이 장막을 젖히고
무대를 훤하게 드러낸다.
토착의 목소리들이 동면을 갈아엎고 나와
옛 놀던 마당놀이로 질펀하게 서막을 연다.

문명이 달갑지 않은
어느 오지 속 소수민족의 축제처럼
부끄러움이 부재된 성의 본질이
숨이 가빠 죽을 만큼 목청을 뽑아도 좋을
밤의 허리를 새벽이 오도록 감고 돌고

훈풍에도 귀가 시려져 있던 나는
지난 기억의 박동을 가슴속으로 불러들여
내 심장의 피를 데우며
오월의 밤을 녹이고 있다.

공연에 취해 발을 옮기지 못하고 있는 달이
빈 배에 몸을 싣고
멀미가 나도록 물길만 따라 돈다.
하늘도, 물도, 숲도,

찔레꽃의 웃음도, 아카시아의 향기도,

춤사위를 타는 물살도,
내가 퍼마시고 취하는 기억의 밤은

은빛, 은빛, 은빛이다.

북극의 백야처럼
밤을 녹여버린 세레나데가
부활을 껴안은 겨드랑이마다 가래톳을 부풀리고
나는 지금,
설국의 야시보다 더 허기로 배를 불리며
다칠 줄 모르는 귓바퀴를 얻고 있다.

뻥튀기 소리

대낮인데도
구석 자리 쪼그리고 앉아
불알 밑만 달구고 있네.

돌리고, 돌리고,
점점 더, 온몸이 단다.

가슴 터질 듯번뜩 일어선 포신
단단하면서도 거대한 놈이
발사에는 아주 이골이 났네.

수줍은 듯 비켜서서
귀 막고 실눈째는
저 아낙 좀 보소

뻥!
더는 못 참고 부풀어 폭발하는
허옇게 터져 나오는 비명

동심은 포신 앞에 쪼박거리고
치마 밑 쪽엔
이팝나무 꽃이 허옇게 피었다.

개망초는 아픈 추억도 없겠지

길섶 자투리면 어디라도 놀이터
온 동네 버짐 핀 아이들 다 나와서 놀고
고무신에 땀 저려 넘어져도
일어서서 벌떡 털고 노는 아이들
깨어진 무릎쯤은 내일이면 상처 자리가
개망초꽃처럼 하얗고 노랗게 익고 만다

계란 한 꾸러미면 값이 얼만데
엄마가 선생님께 불려갈 때나, 들고 간 것
들어만 봤지,
버짐 핀 우리가 언감생심,
솥뚜껑 뒤집어서 웬 개란 프라이겠니.

꽃대마다 담겨 핀 것
흰자는 흰자대로, 노른자는 가운데로,
개망초꽃 프라이라도 실컷 먹고 놀고 나면
원두막 할배 익을 대로 익은 수염
옥수수수염처럼 고스러져서 졸고

개울가 둑방에도 흐드러진 건 개망초꽃
울타리 구멍 안에는 알몸으로 뒹구는 참외들
발가벗고 숨는 노란 엉덩이가 밉다.

바람개비가 돈다

강바람 쏴~ ~
갈대 끝 호창호창
개개비 날개가 돌고
개망초 꽃들이 바람개비로 돈다.

달음박질하는 바람 속에서
내 유년의 기억들도
하얗게 감겨 돈다.

강둑 끝 콩밭 머리에
날파리 쫓는 소 꼬랑지가 돌고

울긋불긋 너굴래기
엄마야!
산딸기 따던 가시내의
댕기 머리가 서서 돌고

호박꽃 디웅벌에는
검정 고무신짝이 윙윙 돌고,

할아버지 밀 타작에
도리깨 날이 따라 돌고
대청마루의 할머니는
적삼 소매 끝에서
맷돌이 따라 돌고,

아아,

꿈속 같은 내 눈은
툇마루 끝에 거꾸로도 누운 채
구름이 돌고
하늘도 돌았다.

*너굴래기: 꽃뱀

고추밭 풍경

초가을 햇살은
고춧대 속에서 더 바쁘다.
후끈 붉은 첫물 고추
빳빳하고 힘 넘치는 놈은
고추 끝이 하늘을 올려다본다.

한 알 따먹어 볼까!
불끈, 성질이라도 부릴 것 같은 놈
꿈이 영근다고
세상 매운맛도 벌써 다 품었다고
맵다고 들어오지 말라고 해도
꼰데기_{번데기} 같은 것 달고 떼쓰는 놈
저놈 저 풋고추는 언제 익지

따끔거리는 햇살이
할아버지 땀방울에 간지럼을 태우는 날
더도 말고 덜도 말고
오늘 같기만 하면

초여름 한낮

가슴 풍성해진 숲
치마 밑 검불이 더 짙다.

산 밭 고춧대
아랫도리 달랑달랑
첫물 풋고추도
빠닥빠닥 약 오른다.

하늘도 눈이 풀린
초여름 한낮
옷고름 푼 칡넝굴
얼커레 설커레,
허리 감고 뒹굴고,

꿩꿩 앓는 소리
후끈후끈
초여름 덤불 속은
혀 빼고 늘어져도 신혼.

전위예술

비 그친 하늘
배회하던 잠자리 두 마리 어우러져
하늘로 솟구쳐 오른다.

하나가 되기 위해
반반씩의 몸무게를 날려버리고 있는
저, 위대한 일탈의 비상
하늘이 아니고는 머리에다 꽁지를 끼운
저렇듯 전위적인 체위를 허용할 수 없다.

바람마저 걸러내고 사는
날개에는 우화의 순간부터
이승과 저승의 생의 경계는 없었다.

솟구치는 속은 불의 세계
몸을 태우며 나는 저 기막힌 연출에는
꽁지 하나를 날름거려서도
저들 원조의 물속 세계를 부활시킨다.

아무래도, 여자의 다리 사이에
머리를 박은 내 공연의
포스터 속 그림은 유치하다

구절초

구절초와 주고받은 이야기

바람이 끝끝내 이름을 붙여놓고 가서
구구절절
너의 사연을 듣는 것도
성숙해지는 나의 행복이었다.

어른이 되는 길은
나의 성장의 마디 속을 채워나가는 것이다
우리가
마지막 기억을 한 잎씩 말리면서도
남아있는 향기로 말을
나누는 것이다

창 앞에서
눈발들이 귀를 기울일 때쯤
내 마음 한편에 숨겨두었던 말을 하마
찻물처럼 천천히
향기로운 너의 어록을 우려 보겠다는,

너 앞에서는
차마 할 수 없었던
너와의 약속 같았던 말을
피워 올려보마.

눈치 귀신

집이라야 몇 집이라고 샐 것도 없는
해 떨어지기 전에 벌써, 인기척 꺼지는
오름의 끝이 천황봉인 오지
서낭당 목신마저 둘렀던 금줄 풀고
살길 찾아간 지 이미 오래거늘,

어둑살 따라 들어와서
안방마다 번뜩번뜩
터를 굳혀버린 안방 귀신
세상살이 한마당을 연속극으로 사로잡고
섬뜩한 세상인심 뉴스로 겁을 주고

밤새, 자면 깨우고, 자면 깨우고,
아예, 안방 주인을 베고 누워서
닭 울고 난 뒤도 겁도 없이
아침밥까지 챙겨 먹고야 물러난다.

눈치 없이
제자리만 지키다 쫓겨난 건
벌써, 귀신보다 더 늙은 구신
안방에서 눈만 쳐다보는 저, 진짜 눈치가
안방 귀신은 눈치 귀신

홍시, 그, 홍시를 아십니까

겨울이 텃밭 울타리를 넘었어요
마당 안 하늘이
설익은 부끄럼들을 대리고
양지쪽으로 몰려 앉아요

몸속에 싸고 또 싸서
소중히 품는 것들은 거두어졌네요
이제는 가을이 남긴 눈빛만 훑어 모아
감나무 우듬지들에
곱게 매달아 두렵니다

새벽 산정의 여명,
걸음 바쁜 오후의 한 줌 햇살,
끝내, 보내고 울고 있는 서산 노을,
그것, 말고는
더 담아둘 것은 무엇입니까

팔을 널려
우듬지가 되어준 아버지가
가을바람 때부터 울고 있습니다

익어야지. 어서 익어야지, 하고
터질 듯 터질 듯 투명하게 매달려서
보이지 않는 속살까지,

어머니, 어머니,
당신의 가없는 눈빛과
당신의 애타서 녹는 가슴이
이 속에 들었나이다

그, 깊고 깊은 속에는
어머니, 내가
당신들의 배아를 품고
살아 있나이다
살아 있나이다

어머니, 당신은, 언제나,
생명의 "성찬"이였습니다
땅의 맛과 하늘의 맛
아예, 우주의 팽창과 수축을 품은
맛이었습니다

당신이 꽃이었을 때는
하늘의 하얀 "별꽃"이였습니다.

당신의 청춘은
별꽃이 품은 푸른 "진주"였습니다
이제, 당신의 육신은
아른거리는 홍옥 빛 보석입니다

당신의 육신은
누가 거두겠나이까!

창공에 투영된 오선지를 타며
천상의 목소리로 건반을 두드리는
저, 작은 몸짓들이 수고로움으로
하늘은, 하늘은,
당신의 혼과 백을 가름이리라.

이제, 남은 기도의 시간
한숨 깊은 입김으로
추억 짙은 이름을 불러보며
겨울을 녹이렵니다.

봄비

촉촉이 젖어 봐요,
기다렸던 맘이
행복에 젖어요.

몸 안에서
파란 싹이 돋아나요.

짝눈 뜨고
흘겨보는 것들과는, 다
눈이 맞아
몸을 섞고 싶어요.

헤프다고
수군대는 것들과도
정분이 나고 싶어요.

내 사랑은, 벌써
지조를 허물어버렸어요.

농소 김종만 시인 특선시집

제 2 부

사랑은 뛰어와서
　　걸어가는 것입니다

갈증

주산지 물속에 선 나무들
죽음을 이겨낸 뼈들이
말라 있던 핏줄들을 씻고 있다

다시
미치도록 한 번 더 살고 싶다고
눈앞이 노랗도록
독보다 진한 집착을 마시고 있다

저 발목 보다
더 시린 건 내 눈이다
시릴수록 더
쪼록쪼록
목을 타오르는 갈증

누가, 저기
사운 거리는 마른 풀밭에 앉혀놓고
어지러운 나를 위해
햇살 몇 사발만 더
뜨다 다오

그리움

연녹색 이파리에
물 맥이 자꾸
간지럼처럼 퍼져 가고

봄 햇살이
나들이 나온 시냇물에는
송사리가 떼로 모여
물놀이에 자지러지네.

귀 볼에
입맞춤한 강바람이
앙가슴으로 파고들어

내사, 마!
어지러워서
연초록 긴 강둑에
벌렁 누워버리마.

님아,
햇살처럼 살포시 와서
날 덮쳐 버리렴,

아주, 눈 꼬~옥
감아 버리게.

동안거

동안거에 들었던 웅덩이 물도
마음을 깨끗이 닦았다.

우리가 함께 원하는 건
이렇게 맑은 세상이라고
미꾸라지 한 마리가
나와 눈을 마주친다.

봄 햇살이
반짝반짝 물을 찍어보며
자꾸만 내 손가락도
담가보라 한다.

사랑은
냉기에서도 아리게
핏줄을 대울 수 있는 기쁨이라고
눈을 찡긋한다.

입춘

오늘 아침 달력 속에서
입학 통지서가 툭 떨어진다

신발 꺾어 신고 나서는 마당
아직은,
자고만 있는 줄 만 알았던
청매화 봉우리들이 몸을 꿈쩍거리며
옹알이하고 있다.

멀쩡했던 하늘이
눈발을 이찌 번덕스레 날리는기,

이런 날에는, 옳지!
뒷골 여우라도 부르자

호랭이가 장가를 가고,

아직은 한참 멀었는데
봄이 곧 법 살 둔갑을 하고,

공연히
내가 더 바빠졌다.

봄바람의 정체

봄바람은 강한 세상의 密偵밀정이다
비밀히 숨어들어
땅의 실핏줄을 긁어 심장을 요동치게 한다

우리가 겪었던 겨울의 세상
더러는, 가장 깨끗한 듯 백설로 위장도 했지만
삭풍은 사의 바람, 잎을 지우고
열렸던 문들을 닫아걸게 했지.

이제야, 억압에 눌려
감겨있던 것들이 눈을 뜨고
입술과 손끝에서 새파랗게 피가 돈다

다툰 듯 꽃들이 피어나고
나를 미친 듯 유혹하는 향기도
봄바람의 몸 냄새지

나비~ 나비~
나비~ 나비~

날개의 춤사위도
봄바람 그 정령의 요술이지

감기와 사랑

감기와 사랑은
너무 닮아 무섭다.

우연히 오고
떨림으로 오고
열병이 된다.

공기 같은 그대여

나는,

죽을 수도 있다.

손금

내 새끼들에게 들려주는 할아버지의 이야기

잠자는 손주 놈 손바닥을 펴고
손금을 헤아려 봅니다.

모지구를 돌아 흐르는 생명선이
유성의 궤적을 끌고 왔네.
끊어진 곳 없이 팔목으로 흘렀으니
받은 천수는 누리겠고

재운선, 두뇌선, 애정선 등을 들은풍월대로 헤아려 보고
새겨진 운명대로 살겠거니 하고
손바닥에 귀를 대고
가만히 눈을 감아봅니다.

손금 속에서 은하가 열리고
맑은 강물 소리가 들립니다.
잠자던 별들이 하나씩, 불을 밝혀
어느새
찬란한 밤하늘에 별 바다가 펼쳐집니다.

사람은 본시,
저, 은하의 나라에서
저마다의, 별이었데요.

그 나라에서
별이 하나씩 불을 끌 때마다
유성이 하나씩 어느 마을로 내려오고

전생의 비밀과 이승에서의 운명을
그리고
어둡고 먼 길을 헤치고 되돌아갈
지도를 손바닥에 새기고
아기가 하나씩 태어난대요

사람은 죽으면, 다시 하나의
별이 된데요
어둡고 먼 길을 찾아갈
꺼지지 않을 각각의 등불 하나는
준비해야 한대요

별들도 각각
크기와 밝기가 다르데요.

오매, 봄바람 나겠네

봄바람 나면 어쩌려고
강나루 다리 위에 나가 섰어라.

물결은 첩첩
천 겹, 만 겹,

바람의 애무는
가경, 가경,

누가 언제
가슴 풀기나 했어라
치마 밑도 들추기에
내사 눈만
질깡질깡 감았어라.

바람 탄, 산은 이미
새색시 가슴팍인데
눈만 맞으면
뺨때기 마다,

분홍빛
산벚꽃을 피우네.

오월

순이네 담장에서 줄 장미가
빨간 꽃 배를 띄우던 날

뒷산 산날맹이 덕석 바위에서
산 아래 꽃핀 집만 찾고 있었다.

까까머리가 무얼 안다고
휘파람만 휙휙 불었는지 몰라

뻐꾸기 소리만 귀찮게 울어
솔숲이 울도록 바위만 쳤다.

양 손가락 물고 다시 불어도
휘파람 소리는 꽃 배가 싣고 갔다

진달래꽃은 너무 예쁘기만 해서
철없이 따먹고도 입술 파래졌는데

독이 있어 못 먹는 줄 알면서도
철쭉꽃 붉은 꽃만 뜯고 있었다.

볼우물

너의 볼우물은
나의 가슴을 오므라들게 해요,

너의 볼우물엔 물이 없어요.
미소 지을 때마다
이쁨만 고였다 사라져요,

고개 돌리지 마세요
섞어드릴 것이 너무 많아요,

빈민 뜨고도 님시게 나오는
실팍한 눈웃음,
나의 심장에서 피어나 나비가 되는
붉은 장미꽃 향기,

잠깐만요,

꿈꾸다 그만,
나의 입맞춤을 빠뜨렸어요.

청산도

연푸르기만 해서 눈빛이 애달픈 청산아
청순하기만 한 보리밭을 넘실넘실 지고
더 푸르고 깊은 곳에 몸을 담그면
어쩌란 말이냐,

저 푸른 보리밭 물결 속에서
숨을 껌벅거리는 돌담은 보이는가,
세월에 풍화된 햇살의 뼈로 쌓은 돌담은 독살
보리밭도, 바다도 푸르름은 모두 가두어 두고
등 푸른 물고기처럼 일렁거리누나.

저, 망망한 해원을 내달려온 바람은
아직도 소년처럼 청산도를 휘감고 돌며
안길 자리를 찾는구나.

아, 이 청산의 바람들이
가슴을 풀다, 풀다,
알몸으로 미쳐버리면 어찌하랴.

보리밭 골로 미끄러져서
부풀어 오르는 보리의 허리통만 끌어안고
돌다, 돌다,
숨을 내린들 어찌하랴.

저기, 저,
정분을 못 끊고 죽은 것들을 위한
초분은 또 보았는가,
초분에 얹힌 바람마저도
죽어서도 살아 있는 듯 엎혀
지나온 해원을 편안히 바라보며
청산에 영원히 남을
혼백을 가르고 있구나.

청산도에서는
산도, 물도, 바람마저도
새파랗게 물이 들지 않는 것은 없나니
이곳에서는 우리들 주검마저도
새파랗게 죽는 것이 행복.

물빛에 씻기고
바람에 더 말갛게 씻긴
청산이 좋아 죽어도, 청산도에서
마냥, 청순하게 죽고 싶은 것들은
오월의 이 신록이
뻔뻔스럽도록 검푸르러지기 전에
저, 보리밭을 날아오르는 바람을
가슴 터지도록 안아보자.

아, 그러나 나는,
발길이 멀어, 발길이 멀어,
보리만 피면
오월의 신록 같은 꿈만 꾸며
청산도를, 청산도를 홀로 겉돌다 가느니,
바람의 언저리만 따라 도는
내 혼백은, 진정,

청산의 초분에 얹힐 수 있을까.
얹힐 수 있을까.

하현달

하현달 저것이
능선 하나도 못 넘고
또,
나를 베고 있네.

돌아보면 인연은
아픈 흔적뿐 이라고
저, 강
건너보면 알 것을.

어여, 어여, 건너가오.

그대 아픈 짐은
내가 지고 서 있잖소.

거울

빨갛게 각인된 기억의
등 뒤가 아리다
스스로 다가가 들추지 않으면
되살리지 않는 기억

울고 싶은 날은
풀썩 주저앉아 눈물 강을 열고
웃고 싶은 날은
벌떡 일어서서 춤사위를 연다.

너무 자주
그리고 깊이 들여다보지 마라

자신을 던지면 산산조각이 나고,
영혼은 한 올도 숨겨주지 않는
무서운 자유가

그에게 있는 두려움이다.

멸치

혼자 사는 지하방 할배의
물 말은 밥그릇 앞
맨간장에
대가리부터 박혔던 멸치
찢어진 그물망에 또 걸렸다.

진짜, 멸치 죽는 날
할배보다 더 불쌍한 놈
빠지고 남은 이빨 사이
한 마리씩 끼여 죽고 있다 .

바다에서처럼
건조 발 위에서도
상자에서도
모여 있어야 하는 것들
한 마리씩 떨어지면

진짜 ,
죽는 기여

개밥 바라기

오랜만에 옛 벗을 불러내어
해 기운 줄 모르고
위로 주酒를 나눴다.

산촌의 겨울 해는
술 따르는 내 손만큼
걸음이 경망했다

아내도 없이
거동 못 하시는 아버지와 사는 친구
그, 친구가
타고 가는 버스 위에

저녁 별이 떴다.
개밥 바라기가 떴다.

충만

개망초 꽃대가 목을 빼는
푸른 언덕에 누웠으면
가슴 열린 그리움이
오월의 창공에 시를 쓰고
 먼, 산 위로 뭉게구름이 삽화를 깐다

찔레 넝쿨이 산비탈에
미끄럼을 타는 한낮
햇살은 반짝반짝
찔레꽃이 흰나비로 날고

하늘만큼이나 행복한 산
온 산은 밀원
뻐꾸기 소리처럼 나는
고른 숨을 쉬고
아카시아 꽃에서는 꿀이 진다.

오월은 그리움에서도
푸른 물이 진다.

연꽃 1

어느 수절 여인의
아린 속내인가!
보일 듯 보이지 않는
아른거리는 그대 속살
눈빛이 죄스러워
눈 감고 볼 수밖에

저 노을 넘어
어느 먼 피안에서
그리움이 쌓여 피어오른
영혼의 꽃 이였나.

그대 생살,
살 삭아 내리는 향기가
숨길 막아 눈 감으면

이승은 지나서
저승의 경계에서
구름처럼 누워
내가 흐른다.

연꽃 2

꽃 속은 이미 극락정토
누가 무아경을 위해
이렇게 고운 등불 밝혔을까!

이 향기는
세상에 남을 마지막 향기

내 죽어서
꽃이 될 수 있다면
진흙밭에 누워
흔적노 없이 삭으리라.

억겁 윤회는
기다린 듯 무엇 하라
향기는 이미
윤회의 강을 건넜으니

돌아와도, 다시
이 꽃 속에 깃들 것을

초승달

잠마저 시린 저녁 하늘
페르시안의 둥근 칼날이 새파랗다.

단 한 번의 약속만으로
계산을 끝낸 사랑 말고는
눈빛마저도 예리하게 잘라야 하는
여인의 검푸른 속눈썹이
낙타 등을 따라
싸늘한 모래언덕을 넘고 있다.

검은 차도르에 감춰진 남은 얼굴
꿈이 짓밟힌 여인의 달거리가
끊을 수 없는 숙명같이
빨아놓은 서답개짐 위에
붉게 번진다.

강물에는 금을 긋지 않았네

그가 떠나간 날
나는 강가에 서 있었지만
절대로
흐르는 강물에는 금을 긋지 않았네.

그때부터 나는
내 가슴에 금을 긋고 있었네

가라앉은 가을 물들이
긁힌 자리마다
뻘갛게 배여 나고 있었네.

가을은 오래도록
빈 하늘로만 남아
기러기들을
한쪽으로만 날려 보내고
있었네.

햇살의 풍경화

사과를 깨문 새댁은
붉은 볼이 퉁퉁
볼거리를 한다

평상에서 잠이 든 아기 코에
사과 냄새가
혼자 숨바꼭질을 하고
할머니의 손부채에는
햇살이
사과밭 풍경화를 그린다

조잘거리다가 잠 깨울까 봐
눈치 고운 가을바람
살랑 사랑
가지 사이로 다니면서

새들을 몰고
들로 나가버린
한낮이다

비둘기와 평화

초가을 햇살이 따끈따끈
늘린 고추를 말린다

고추씨를 쪼아 먹고 있는 비둘기들
발목에 먼저 고춧물이 배였다
눈시울도 붉은데
속은 아무렇지도 않은 측
걷고 있다

고통스러운 것을 먹고도 소화를 시켜내는
저, 위대한 평화
색깔 다른 것들의 순수한 씨알만을
골라 먹는 지혜가
하늘을 채운다면……

무지갯빛 비둘기 떼가
가을 햇살을 뿌리려
후루룩
하늘로 오른다.

코스모스

장마 끝머리에서
벼 포기 알배는 것만 살폈더니
가시내들이, 그새
젖통 불구질 여가도 없이
키만, 삐슥 자란 것이
몸 풀고 있네.

고추잠자리가
빙글빙글, 건달춤을 돌면
순이가 하얗게 웃고
숙이가 덩달아 불그레 웃고
자야는 얼굴이 빨개졌다.

하늘이 말갛게 가슴 벌리자
목 빼 들고 하늘거리더니
나보란 듯이 폭삭
안겨 버렸다.

*불구질: 볼록 나올 의 경상도 사투리

단풍의 현혹

가을은 시작부터 이미
하늘이 새파랗게 보고 있어서
속 보이는 사랑을 할 수가 없잖아요

하지만 나는
속 보이는 사랑도 진짜 사랑이라고
빨갛게 말할래요

당신을 내 가슴 속에서 영원히 살게
하겠다거나,

당신이 원하시면 하늘의 별이라도
따다 드리겠다느니,

그런 빨갛게 현혹된 사랑이
내 가슴 속에서부터 진실이었다는 것을
세상에 보여드리겠어요.

저, 청순했던 나뭇잎들에
믿기지 않을 만큼
내 심장의 실핏줄들이 퍼져버려서
핏빛으로 물이 들어 놓으면

너무 깊게 착색되어
단풍이 너무 붉어 울고 싶다고
누군들, 아름다움에
현혹되지 않겠어요.

농소 김종만 시인 특선시집

제 3 부

바람은 흔드는 것이 아니고 씻는 것입니다

더디 가게 하소서

오월의 산빛에 눈빛이 머물면
나는,
살아온 시간을 회계 받지 못한 죄인처럼
가슴을 앓습니다.

또다시,
내 눈앞에 펼쳐놓는 당신의 경전
이 연록의 청정한 말씀으로

유월이 오기 전,
유월이 오기 전에,
내 가슴을 씻게 하소서

아,
때 묻지 않은 것들로 치환하려는
당신의 시선에 눈이 멀어버리게
이 계절을,

조금만 더,
조금만 더,

더디 가게 하소서

너무 닮은 사랑

그녀를 본 순간
옛사랑의 화석 하나가
파편처럼 날아와
기억의 과녁에 박힌다.

팽팽해지는 혈관이
살을 쏜 시위처럼 심장에서 떤다.

언젠가
박물관에서 본 앵무조개의 화석,
내 수장고 속에 똬리를 튼 화석도
몸이 붉어지며 피가 돌 것 같아
혼미함을 느낀다.

그녀가
꺼진 불씨가 될 것 같은 망상
마른 잔디를 태우듯 가보고 싶어
어처구니없는 허상에
잠겼다가
깬다.

당집들이 있는 풍경화

기찬 마루를 향해 오르자면
길이 꼬이고 꺾인 자리마다 무릎을 꿇고 앉아
뭉쳐진 세월을 풀고 있는 곳들을 본다.
나는 그곳들을 굿당이라 부르지 않고
시당 집이라고 부르고 싶다.

지금은, 더러, 오색 천을 걷은 채 서 있는
여느 고향마을의 당산나무들이
그 천들을 이곳의 당목들에게 맡겨버리고는
경원의 눈빛만 가슴에 담으면서도
잃어버린 주억늘만 풀어수고 있다는 걸
길을 묻는 바람만 보고도 나는 알 수 있다.

아침 햇살이 노송나무를 찾아와 조목조목
일진을 짚어보고 갈 때나,
노을이 대나무 장대 끝에다 흔들던 옷소매를 걸어놓고
만리장성을 쌓으러 갈 때도
먼 기억의 강물이 붉은 눈으로 돌아보고 있는 것처럼
굿이란 말이
왜 이렇게 시처럼 와 닿는가!

명치 밑에서까지 혀끝으로 건져 올리면서
읊고 싶고,
못 잊을 것들을 그리고 싶다.

답답하고 답답해서
못 견디게 안 풀리고 답답해서
한바탕 무슨 일이라도 벌리고 말 사람들아
오늘은 어디서 누구라도 붙잡고
굿 한판들 안 벌리랴.

그래, 그래, 산다는 것이, 다,
한바탕 굿인 것을~

여느 시인들도 더러 불러와서
시를 굿으로 풀어내고 살 수 있는
시당마을 한 곳쯤 모아놓고 살아보자

이승과 저승을 연줄처럼 이어
그리운 사람 목이 쉬도록 불러도 보고
꽃도 피우고, 술도 뿌리고,
해원의 춤도 추고,

원망인들,
원망인들 없으려고.

내 삶이 칼날 위에 섰을 때 굿도 안 벌이고
무슨 수로
발목이 잘리지 않고 건널 수 있으랴

Oh, good, Oh, good, 오, 굿
노랑머리 파란 눈들도 최고로 좋아하는 말
어원의 뿌리를 찾아
둘이 함께 시간여행이라도 하고 싶은
혀가 안 꼬부라져도 좋은 말
굿good판 한번
벌리면서 살아보자

*기찬마루: 공주시 계룡면 양화리에 있는 계룡산 산신 제당

이렇게 사는 남자, 정말 웃긴다

아내가 또 드라마를 본다.
정해진 시간 외에도 재방송이 아내를
붙잡고 있다
어깨너머로 보는 불만의 시청 그도 이제,
더러는 익숙하다.

삼각 사각 얽히는
윤리를 수학으로 풀어야 할 애정 관계
손상 입은 감정은 영악하게 풀고 마는 젊음의 역동
딴 남자의 아이를 밴 결혼이 죄가 되지 않는
배 속의 아이가,
제 아비를 죽이고 나와야 하는 것이 맞는 세상을
열어간다
드라마를 위한 발상의 르네상스다.

작가가 만드는
이상할 것도 없는 이상한 사회에
남자는 자꾸만 아내의 시선을 잡아떼려 한다.
채널을 바꾸면 달라질까,
이 무시무시한 씨추에이션, 다를 것 없다

남자답게 쟁취한 채널
전쟁의 장면 치열하게 史劇사극 한 편 벌린다.
너무 감정이 앞서간 남자
지나간 역사적 사실보다 너무 엄청나게 다른
드라마틱한 가장을 원한다는 말을 했는지
저 자신도 헛갈린다.

슬그머니 정신이 돌아온 남자
뉴스도 서막만 보고

"여기 있다."
"드라마나 봐라"

공연한 심기
아내에게 던지고 일어선다.

빅토리아 꽃

그, 신비의 극치를 찬 하노라

오,
비비고 봐도 눈만으로는, 도저히
볼 수 없는 꽃이 있네.
아, 보지 않고는 상상으로도 그릴 수 없는 꽃을 보네.
이 세상에서 진정한 남자가
지순과 지애와 지성으로 가꾸어야만 안을 수 있는 여인
아, 차라리 신령한 여신을 보네

잎으로는 태양의 눈빛들을 넘치도록 담고
요염한 처녀성은 천도 빛 봉오리에 터질 듯 담아
황촉 빛 어른거리는 수면을 열고
내 마음 날 같이도 불태우는 정열의 낭군을 맞았구나.
호수의 새벽을 피워내는 물안개처럼
온몸을 열어주는 촉촉한 애무에 젖어
저, 맑은 신음 하얗게 전희를 꽃피웠구나.

신열을 앓던 몸 한나절을 피워 올려
불 불 불이 붙어 이윽고 온몸이 탄다.
아!

오르가슴, 오르가슴, 오르가슴
오!
기막혀서 기가 막혀서 귀로는 들을 수 없는 교성
천상의 아리아가 수면을 덮네.

녹아내리는 피, 피가 다시
왕관이 되는 저, 신비의 극치
불타는 꽃의 몸
미의 극치를 창조하는 여인의 표상 위에
이윽고, 찬란한 여제의 왕관을 쓴다.

오, 사람아, 사람아, 눈 돌리지 말고
저, 지고한 옥체 정숙하게 거두는 것을 보라

후희의 숨결 시나브로 삭이면서
조신하게 옥체를 마무리하고 나더니
단아한 옥보를 구중심처로 옮겨가서
찬연했던 생의 흔적 가슴에 압착 하고
조용히 초혼의 소리를 따르고 있네.

아, 내 가슴살의 미세한 세포

그, 떨림의 흔적까지 모아
신묘한 아름다움의 극치를 찬 하노니
꽃의 여인이여, 여성의 꽃이여

빅토리아, 빅토리아,
해도 지지 않던 대제국 여제의 이름까지
저, 여인의 표상 위에
거룩하게 헌사 한 자는
누구였던가 !

매미

더는 숨어 살 수 없어
누군가 또,
제 등가죽을 찢고 나와 울고 있다.

기다림만으로 산 세월의 아픔은
풍장 되어야 한다고
긴 어둠의 생이 안치된 관은
바람의 길에 걸어두었지.

바람이 넘기는 경전에는
한 생을 탈바꿈하면
고통이 없는 세상이 있다고 했던가!

눈을 닦고, 또, 닦고 보는 세상
날개마저 달고도 무슨 업보가 있어서
저렇듯 처절히도 열망하며
또 울어야 하는가.

그대여,
서러워 울지 말고 기쁨으로 울자
몇백 번을 죽어 봐도
극락은 처음으로 돌아가는 것

생명은

천둥과 번개의 흔적
그 흔적으로 만들어지는 것
지금 그대의 그 울음 속에
다음의 세상이
오고 있지, 않는가.

가을, 먼 배회의 시원

높은 곳을 배회하던 잠자리 한 마리
하늘이 너무 깊고 아려서
시원을 알 수 없는 그리움의 세계로
빨려갔다.

가을이 무릎까지 잠겨버린 저수지
물이 하늘에,
하늘이 물에,
서로의 가슴을 담그며
전율을 전한다.

반쯤은 제 가슴을 잃은 낮달이
밀행을 하며
물속에서 제 모습을 올려보고
어딘가에 숨어있는 남은 모습을 찾고 있고,

물은 자신을 다 씻으면
끝내는 하늘이 된다는 걸 알고 있는지
투명함만 새파랗게 쌓고 있고,

코스모스가 목을 더는 뺄 수 없어
스스로 가련함에 젖는 시간
나도 가슴을 먹이는 환자처럼
내 가슴을 눌러보며
저수지가 둘레길만 돌고 있고,

배회를 접은 저, 잠자리,

가을 속의 고독은
너무 먼 곳이 보이는 눈빛 때문에
공허 속을 공연히
배회하게 된다는 걸 알면서도
고독의 정점에만 앉고 있네,

간이역

쳐다보면서도 지나가 버리는 기차는
조강지처를 버려두고 떠나버린
남자 같네.

이렇게 긴, 이 길을,
내 속을 보란 듯이 태우며 지나다니면서도
해도 너무 하지!
언제 까지나 이렇게 버려두려는가

세월이 흘러도 옛 모습 그대로인 집,
그 많던 손님 치다꺼리했던 집이라기엔
너무 초라하고 애잔하다.

그래도 행여,
열 날에 한 번, 백날에 한 번,
가던 길 멈추고 눈길이라도 돌리고 서서
"그냥, 잘, 살고 있냐고" 물어보면 발병 날까.

그 옛날, 시도 짬도 없이 잘도 질러대던
그, 큰 목소리로
고함이라도 한 번 쳐 줄 것 같은 기대를 아직
바래고만 사는 초라함이여

내 가슴속이 무슨 기다리는 대합실 이라고
오전 내내
들여다보는 햇살에나 겨우 마음 녹이면서
하루도 쉼 없이 깔끔이나 떨어 가며
창밖으로 시린 귀만 열고 있네.

갑사 저수지

작은 흔들림마저 잠재우고 싶은 날
겨울은 더 냉정했다.

가슴이 무너져도
부처는 언제나 웃음만 흘리고 있고
손 모았던 등 뒤에서 목탁이
또 혀만 찬다.

명부전에다 한 줄, 이름도 올릴 수 없는
저, 목숨 들이 영문도 모르고 구덩이 속에
산채로 매장된 한이
윤회를 거쳐도 생전의 모습대로
소 울음 없이 풀어질까?

눈발이 위로 같이
울면서 찾아주면 무엇 하랴?
혹독할수록 살찌는 것은 얼음뿐이다
자빠지면서도 얼음판을
기를 쓰며 휘젓는 바람은

부처보다 더
잔혹하다.

나의 손가락 한 마디만 내어주어도

뻐꾸기 소리에 숲속이 온통 속는다고
목탁이 또,
부처님 귀를 성가시게 한다

제 새끼니까 저를, 꼭 빼닮으라고,
숲을 어루만지고 있는 저 목소리
나는, 이 녹음의 바다에
사해에서처럼 누워서
경전 한 권 가슴에 얹고
흐르기만 해도 될까!

하나님, 당신은 요셉의 구유에
자신과 판박이인 아이를 넣어놓았지요
누구의 새끼인지 묻지도 말고 키워서
그의 목소리에만 다시 귀를 기울이라고 했지요

숲은 녹음이 짙을수록
그 속을 깊이 들여다보지 말고
의심의 눈독도 뽑아버리라고
더 새파랗게 역설을 하지만
내가 못 볼 것을 보고 말았나요.

절대로 치유될 수 없는 우리의 분노를
저 작고 깃털만 가벼운 존재에게
감당을 맡겨버린
당신의 뜻은 무엇입니까?

나의 손가락 한 마디만 내어주어도
저 순진무구한 영혼이
비켜 앉아서 쉴 수 있으려니…….
그런 자리를 위해, 내가,
부처의 옆자리로 걸어가도 될까요?

뱁새가 입에 문 것이
그의 원수를 공양하는 양식이라도
뱉으라고 하지 않는 당신
당신이 말하는 원수는
어떤 것입니까.

개불에 대한 고찰

개불의 진짜 이름은
개불이 아니고 개 거시기다
생긴 것이 요상하게 생겨 먹어서
커져뿔다, 작아져뿔다,
보면 볼수록 참 거시기하다

뼈도 없는 것이
물 차뿔면 겁나게 팅팅 커져뿔고
물, 찍, 싸뿔면 팩 쪼그라져 뿔면서도
덜락 날락 뻘구녁만 쑤시고 사는 것이
갯펄에선 진짜 숫놈이다

낙지놈 처럼 대가리는 잘 생겼어도
먹물만 더럽게 싸고 도망가는 놈은
숫놈이 아니지라
그랑께, 갯펄의 주인은 개불이제.

그래사면, 뻘밭은 허벌나게 좋은가벼.
허구한 날 수심에 잠겼다 빠졌다 하면서도
겁나게 널부러져 누워
뚫린 구녁으로 뻘물이나 뻑뻑 까리면서
허벌나게 웃고 산다.

그랑께
새만금 갯펄의 진짜 주인은
거시기, 그놈이라 카이.
암, 그라제이!

고추잠자리 1

햇살 맛을 아는 고추잠자리는
앉은 자리에서마다
잘 익은 가을 햇살의 모서리를
오물오물 씹어 먹으면서 잔다.

감물 곱게 먹였던
엄마의 모시 적삼 속을 들락거리다가
쌀쌀맞게 쫓겨났던 바람이
괜스레 또 잠든 잠자리 날개 속을
들추고 다닌다 .

풍덩 호수 속에 돌을 던지면
놀란 것들이 와르르 날아오르고
목 긴 코스모스만
몸 흔들고 웃을 것 같은,

아직, 바람이
갈대 위에 앉은 날에.

고추잠자리 2

나도
가을 깊을 때까지
저처럼 빈 가슴으로 서성거려야 할까.

때론 혼자서 너무 오래
한 곳에서 맴돌기만 하는 걸 보면
잃어버린 기억들을
찾고 있는 것 같기도 하고

쉴 때도
고독한 자리에만 앉는 걸 보면
아직도
가슴속 상처를 다 못 지우고 사는
누군가를
닮은 것 같기도 하고

울타리 위에 앉아
마른 눈물을 닦고 있을 때는
사는 게, 다,
그런 것 같기도 하고.

그리움이 머무는 곳

나의 그리움이 머무는 곳은
나의 소도입니다
나만의 그리움만을 위한
나의 기도처입니다
이 안에서는
죄가 되었던 그리움이라도
신성한 그리움이 됩니다

재단에는 언제나,
꺼지지 않는 촛불 하나 밝혀두고
내 속에 있는 가장 소중한 마음만을 태워
눈물 그윽한 향을 올립니다

나는, 나의 사심을 엮어서
울타리를 치고
세상의 어떤 사심도
나의 사심을 허물고 들어와서
그리움에 상처를 내지 못하도록
지킴을 둘렀습니다

들어올 수 있는 것은
오직, 하늘뿐입니다.
별들은
나의 그리움을 밤새워 지킵니다

달은 또 쪽배를 저어 와서
그리움이 줄 세라
채워주고 갑니다

나의 그리움은
오직, 소도 안에서만
영원합니다

단풍잎 하나

명부전에는
아직도 새 향이 길게 타고 있소

윤장대 한 바퀴 돌린 후에
남아있는 죄마저 소중히 모은
가냘프게 떨고 있던 합장한 손

밤새 모아둔
아린 이슬로 씻고도
무슨 연유가 되려기에
핏빛으로 착색된
세월 한 장이 되려 하오

*2010. 10. 17일 두륜산 대흥사를 다녀와서

靑馬청마 본 사람 없소

거기 누가 靑馬청마 본 사람 없소?

나는 이미 그리움이 앞서서
마음 길은 벌써 몇 차례를 다녀갔지만
오늘은 봄비만 보이지도 않게 오고
그대 없는 빈집 마당에
홍매화 봉오리만 젖고 있소.

산방산 낙타등봉에
분홍빛 깃발 나부끼는 걸 보니
그대 향한 사막 길
목말라, 목말라,
아주, 아주, 건너지 못하면서
영원한 노스탈쟈의 손수건만 걸었군요.

저기, 저 새파란 보리밭 길로
자전거 하나 부듯가 우체국으로 가더라. 구요!
겨우내 싸매었던 홍매화 붉은 마음을 넣었더니
우체통이 낯이 붉어져 버렸다. 구요.

"나는 너에게 편지를 부치나니
그리운 이여 그러면 안녕"

"사랑한다는 것은 사랑을 받느니보다
진정 행복하였노라."

靑馬청마는 지금도 영원한 푸른 혼령으로
건너야 할 바다를 달리고 있나니
보리밭을 지쳐 올라 둔덕을 넘고
바다를 품은 정향의 향기를 쫓나니,

내 진정
마름 없이 품은 사랑 하나가
땅을 열고 하늘을 열고
어머니, 어머니, 당신이 되어
영원히 푸른 청마를 낳았나이다.

나는, 오늘 그대가 앉아서
그리움 삼키던 툇마루에
내 그리움 한 통 남기고 돌아서나니

이것이 설령 마지막 인사가 될지라도
그대를 사랑했으므로
진정, 영원히 행복하겠노라.

*문학기행 靑馬청마 생가를 다녀와서 힘줄의 노래

힘줄의 노래

고희를 훌쩍 넘긴 세월
노래하는 당신의 목소리에서
세월을 씻고 온 바람의
힘줄이 선다.

밀려오는 파도 소리가
솟아오른 바위를 넘지도 못하고
깨어져서 미끄러진다

미끄러진 파도가
"꿀꺽" 침을 삼키고
반음쯤은 낮은 음계로 몸을 추 서리며
바위를 슬쩍 안고 돌아간다

호흡을 가다듬고 목을 키우면
반주는 앞 파도처럼
앞으로 나서면서 옆구리를 찌르고
벌써 뒤 파도가 손가락을 세운다

옛날 같지 않게
마침표를 찍은 노래가 축축하게
젖어 있다
노래 한 곡 속에 식은땀이 절반이다

술 한잔으로 바람을 부추겨 볼까.
약발 받은 파도는
또, 맞닥뜨릴 바위를
훌쩍 넘어갈까.

술은 내 노래에
어떤 화음을 만드는 악기일까.

인사동 길

길 뜸 못하는 가을바람
그가 물들이고 때어버린 은행잎들만
바스러지도록 뒤지고 있었네.

별을 등 뒤에 감춘 하늘이
낮은 등고선을 지우기 시작하는 시간
여운의 가을에
조바심을 하고 선 현수막들
아직도 붓을 들고 서서
붉은 하늘마저 찍어가고 있었네.

미로 같은 골목길들은
그냥 나란히 걷기만 하면서도
서로 품고 싶은 것만 나누어
담고 있었네.

회춘을 꿈꾸는 화방의 화폭들이
곁눈질만 하는 내게도
색 바랜 웃음을 던져서
나는 그만, 은근히 반한 눈빛을
값도 없이 주고 말았네.

지나간 추억들이
가로등의 불빛으로 매달릴 때쯤
나도 어깨를 맞대고 걷고 싶은
한 무리의
긴 그림자가 되고 있었네.

인사동 그, 길
어느 옛스러운 목로주점에서
잠도 없이 꾸는 꿈은
술병 속에서 밤을 피우고
지등 불빛에 은근한 눈빛이 더 깊어
가슴을 열어주고 말았네.

술과 꿈이 하는 사랑의 약속을
이 낭만의 골목에서
세월을 잃은 것들처럼
되살리고 말았네.

이슬

아침에는 아침 이슬로
저녁에는 저녁 이슬로
이슬을 먹고 ,
이슬과 함께 살다간 친구
죽음이란 것이 ,
결국은 이슬 같더구먼 .
산다는 것도
풀잎에 맺혀있는 이슬 이더구먼 .

깊은 인연이라는 것도
이슬로 눈을 열고
이슬로 눈을 닦고
이슬로 눈 속에
심연을 만드는 것 이였네 .

언제부턴가 나는
내 심연의 이슬을
자꾸만 ,
담아내고 있었네 .

참 이슬

사람 좋다는 말 많이 들었던
그 친구는
컬컬한 맛 거나하게
어울려 마시기를 좋아했었지.

언제였든가
삶의 길모퉁이에서
발목에 걸려 엎어진 때부터
세상맛이 너무 텁텁하다고
짜릿한 맛을 찾았었지

이왕이면 이슬같이 맑은 것으로
아침에는 아침이슬로
저녁에도 참이슬로
뱃속만은 맑고 칼칼하게 씻고 살겠다고
한 두어 해쯤 속 씻는 일로 지냈었지,

힘들게 웃던 그가
틈 많던 보드불럭도 걸러내지 못한
빗물 같은 복수를 숨차게 안고 있었지.
언뜻, 장마에 떠내려온
죽은 강아지 배를 떠올렸었네.

죽을 각오로 씻는 사람이라
간도 단단하게 커졌다고
그의 아내도
눈에 이슬을 바르고 있었지.

오늘 그가 누워있는 자리
다시는 배속에 물차지 않게
단단히 밟아주고
진짜 참이슬을 실컷 뿌렸었네.

저승에서도 원 없으라 고
참이슬에 눈 이슬로 폭탄주를 만드는데
시름시름 울던 봄비지만
제 몸까지 섞어주었네,

발길 띄지 못하던 그 친구
눈두덩이 거뭇한 눈으로
참이슬 병만 바라보고 있어서
나도, 이슬을 따서 내 속까지
뒤집어서 씻고 왔네

*친구의 장례식에 다녀와서

밭 한 뙈기가 온통 난리가 났네

청대콩이 튀어
반역의 기미를 드러내자
햇살이 반짝반짝 낫을 벼르더니
참 깻대부터 발본을 시작했다.

기세등등하던 들 깻대는
발목 잘린 채 누웠어도
몇 밤을 통곡하다 숨을 거두고 .
오금이 저러진 호박 줄기는
늦둥이만 품고 밭둑을 기고 있다

시도 짬도 없이 벌겋게
화만 내고 있던 고춧대들은
치마 밑 활짝 까뒤집고 보니

오매, 오매 ,
저 무서운 것들 자식 욕심 좀 보소!

폐경기가 지났는데도
젖먹이 새끼까지 꼬질꼬질 달고도
히득히득 병든 새끼들을 품었네

햇살 좋은 밭이랑에는
새파랗게 젊은 청년들이
밤이슬이 함빡 적시도록 몸을 닦아
배추는 속을 꽉꽉 채우고 있고
무는 근본을 튼실히 하여
무청 그 푸른 기개를
알몸으로 당당하게 내보인다.

서슬이 파란 것들
어렵게 보낼 한 계절쯤은
너끈히 지고 가겠다며
겁 없는 웃음 웃고들 있다.

눈물이 아름다운 계절

가을엔
햇살이 눕는 곳이 서럽다.
살아온 모습보다 살아갈 모습에
가슴이 시려지면
하늘은 거울이 되어 있다

눈물에도
제각각의 색깔이 있음을
햇살이 바람에 알리는 말을 나는
엿듣는다.

낙엽 하나 무심히 떨어져도
누구든지 제 발밑을 보지 않으랴.

아픔을 닫는 나무를 보며
참아두는 나의 눈물이 혈관을 도는
나무의 수액임을 깨닫는다.

낱알들에 앉는 새를 보며
배고픈 자가 주인임을
알게 되면서
나는 더 겸허해진다

농소 김종만 시인 특선시집

제 4 부

세월은 짐을 지고
가지 않습니다

봄빛의 나이

철 이른 햇살이 쪼그리고 앉아
반나절은 족히
땅만 헤집고 놀다 간다.

흙 속에서 꼼지락거리는 손톱들에
분홍빛 반달이 아린 듯이 붉다

엉덩이 차인 바람이
그냥 갈 리가 없다

목만 내밀고 떨던 것들은
바람에 긁힌 자리마다
연둣빛 새살이 돋고

겨울옷이 무거웠던 목련은
순결이 더 무거워
벌써 봄 허기가 진다

봄빛은 이제,
안은 아기 돌보기에
땀이 돈다.

당신의 무덤가에

햇살 바라진 산자락 무덤가
사운거리게 깔려 있는 잔디밭에
두어 그루 다복하게 핀 진달래꽃
울고 싶도록 붉게 피어 섰다.

잡초 돋아나면 그 마음 더럼 탈까 봐
청명 한식이면 어린놈 손 잡고 와서
쑥부쟁이 질긴 뿌리 모질게도 뽑더니

훠이, 훠이
철새처럼 휘돌던 세월
구만리 창천까지 갈 것이 뭐 있겠소
당신 곁에 누워
잔디 이불 한 자락 당겨 덮으면 되지!

질기고 질긴 인연의 끈
가지 끝에 앉은 혼령의 불
순한 가슴 애절히도 피멍울 들이더니
음력 삼월 보름 아슴아슴한 밤에
이제 사 뉘 울어라
두견이는 저리도 우는가!

감꽃 지던 날

뒤뜰 장꽝에서 간장독이
부른 배를 억세게 내밀고 있던 날
감나무에 하얗게 달린 별꽃들을
장독 딛고 올라선 햇살이
슬쩍슬쩍 훔치고 있었다.

대처로 떠나버린 뒷집 분이네의
인적 끊긴 빈 마당에는
울 넘어간 닭들만 한가로이 흙을 파고
잡초 돋아난 지붕 위에
감꽃들이 하얗게 누워있었다.

그날, 나는,
떨어진 감꽃만 주워 꿰며
울타리 끝 하늘만, 자꾸 올려다보았다.

소리개 병아리 노리던 하늘 위로
비행기 하나 소리도 없이 멀어지는데,

흰 줄, 하나
아~슴 하게
따라가고 있었다.

냅 두면, 안 되겠니

냅 두면, 안돼!
밀고 당기는 계절아
봄이 조금만 천천히 가게

그냥, 냅 두면, 안 되겠으니

옹그렸던 것들이 몸을 틀고 다리를 뻗게
눌렸던 것들이 내밀었던 머리를 감고
감겼던 눈들이 눈을 씻고
꼼작거리는 손들이
가장 따사로운 엄마의 젖가슴을
만져보고 웃을 수 있게 조금만 더 여유롭게

그냥, 냅 두면, 안 되겠니

세상에 모든 것이
단 한 번으로는 이루어지기 어려우니
실비단 봄비가 따끔거림으로 오고
따사롭던 봄바람이
저고리를 벗게 할 때까지라도

그냥, 냅 두면, 안 되겠니

천지에 새롭게 태어난 것들
활나물, 호납나물, 광대나물들이
부지깽이나물이면 어때서,
제, 각각의 이름표를 가슴에 달고
아장아장 손잡고 모두 다 모여 앉아서
생일잔치를 할 수 있을 때까지
조금만 더 천천히 가게

그냥, 냅 두면, 안 되겠니

처음으로 시작하는 것들은 모두
두렵고, 얼떨떨하고, 두리번거릴 테니
제자리를 찾는데 익숙해질 때까지
당기지도 말고, 밀지도 말고,

그냥, 냅 두고 바라봐주면 안 되겠니

너무 환히 들려다 보면 철모르는 것들이
부끄러움으로 고개라도 묻을까 봐
햇빛마저도 아련히 보고만 있어 주는데.
저, 여리고 고운 것들이 사랑을 알고
시샘에 눈을 뜰 때까지만 이라도
세월아, 앞서서 가지 말고

봄바람 저것을,
한참씩은 졸다가, 기대었다가

더디게 가게 하면 안 되겠니.

고무신이 담는 소리

법당 봉당 위에
나란한 흰 고무신
아린 번뇌의 발걸음 담고 와서
빈 가슴속
새벽 눈빛으로 닦고 있다

삼천배로 찧으면
머릿속 번뇌 공으로 채워질까.

불 속에서 다시 태어나
추녀 끝에 매달린
오장마저 녹아버린 물고기 한 마리
흔들릴 때마다
이마로 찍는 독경 소리가

청아하게
하얀 신짝 속만
맴돌고 있다.

광인과의 하루

곱게 미쳐버린 파도는 시장을 좋아한다.
그는 새파랗고 젊다
빗지 않은 머리카락은 아직은
소금기가 옅은 풍파다

속에서 자꾸 울렁거리고 올라오는 말을
끝도 없이 중얼거리면서
갔던 길을 다시
되돌아오기를 반복한다.

엎질러진 독백을
남김없이 줍고 있는 입술은
가을 햇살 아래서 아스팔트를 쪼고 있는
비둘기 부리처럼 아프다.

바다는 누구나의 가슴이듯
바라보는 깊이만큼 슬퍼진다.
반복하고 있던 모습을 시장길에 버려두고
동해바다 까지 와서야 진정한 그를
다시 바라본다.

표면보다 높게 시선을 깔고
뭉쳐버린 시간의 매듭을
파도처럼 끝없이 풀고 있는
그의 내면은 분명
쪼아낼 수 없는 슬픔처럼 깊고
새파랗게 살아 있다

나는 오늘
이 바닷가의 모래로 눕고 싶다
벗어날 수 없었던 포말에 말려
돌고만 있을 그의 진실을 가늠하면서
그가 하는 말을
한마디도 남김없이 다 들어주면서
누워있어 보리라

분노는 끝없이 풀어도
거품뿐이라고
슬픔은 바닥에 깔려야
맑아질 것이라고
그와 함께 중얼거리면서.

잔인한 봄은 다시는 오지 마라

팽목항 하늘에 뭉게구름이 피어오른다.
뭉게구름은
버리고 떠날 수 없어서 타는 가슴에서 인다
뭉게구름은
발돋움으로 바라보는 그리움의 얼굴이다

팽목항은 이제
울컥거리는 그리움만 삼키고 지내야 하는
내 목구멍이다

아~ 나는 이제
그리움의 옷자락마저 놓쳐버린
폐허이다

누군가가 지금
엎어져 누워있는 내 맨살의 등짝 위로
가시철망을 끌고 간다
지금껏 나를, 지키고 있던
가시철망의 기둥마저 뽑아서 끌고 간다

아~ 이 바람이 꺼지지 않는다
팽목항의 이 바람은
눈가에 말라붙는 눈물 같은 소금 바람이다
두견화 해맑은 이 땅에

풀싹마저 말리고 있는 잔인한
봄바람이다

이 답답한 내륙의 밭둑들에 피어 엉클어진
소박한 찔레꽃을 허옇게, 허옇게,
꽃비로 지우는 바람이다

두견화 피듯 봄은 또, 다시
오겠지마는
아~ 이 봄만은, 이 봄만은,
다시는 오지 마라

연하디연한 붉은 꽃은 쓸어가고
때 늦은 뻐꾸기
빈 둥지만 바라보고 우는 봄은

다시는,
다시는 오지 마라.

새파랗게 살고 맙니다

봄의 설렘이 아쉬움을 삼키고
오월의 품속에 몸을 맡기고 맙니다

작년에도 목이 쉬어서야!
영을 넘어 가버린 홀딱 뻐꾸기가
올해도 또 찾아와

"홀딱 벗고" "홀딱 벗고"
얄궂게 울고 있습니다

승방 숲 언저리에서 울 때마다
머리까지 모질게 벗은 스님도
봄을 다 벗을 수 없어
아직도, 울 때가 있습니다

산이 이렇게
새 옷을 입고 꽃을 피우는데
나는, 차라리 깊숙한 곳에
새 보금자리 하나 틀고
새파랗게 살고 맙니다.

*홀딱 뻐꾸기: 검은 등 뻐꾸기

개구리 소리

오월 밤 나는
저, 아릿한
고향의 풍물 소리를 듣나니

달빛 쏟아지는 마당
남녀불문,
노소동락,

무리무리 허옇게 핀
근동 구경꾼들에
키 큰 찔레순도 한 춤 거들고

목청 끝
개구리뜀에 몸도 태웠으면
못줄 넘어간 뒷자리마다
잠박거리는 모 모가지

소쩍새는 따로 울고
오늘 밤 나는
옛 기억이 자꾸만
달빛에 시려요

성못길 회상

애산만딩이^{마루}가
야시 울던 뒷골 돌무덤이를 등에 숨기고 앉으면
강 넘에 칠산은, 일곱이 함께 토라져 앉아
어깨 대고 등만 내밀었다.

청청교 밑에서 대치강이 모래 등을 째고 올라와
바지게 같은 농소 들을 활처럼 굽어들면
떳다리목에서는 위아래 가마소가 명주실 꾸리 잡아먹듯
대치강을 빨아 삼켰다

녹산 시메끼리^{하구언} 에서 밀고 올라온 돛배가
떳다리 나루에다 메러치^{멸치}를 풀면
늦봄 보리누름 사이길 동네 초입에는
양철다라를 인 아지매들 치마 끝이
흰 바람을 일으키고.
갯비린내가 마을 안까지 따라왔다,

이런 날 저녁이면 모닥불에 초저녁이 익고
석쇠 위의 멸치들이 소주 두루미를 통째로 마셔버려
멱살잡이 고함소리가
동네 개 짖는 소리보다 더 큰 날도 있었다,

계절이 짙어지면,
강물을 안고 살아도 모자란 짙푸른 갈숲이
강바람마저 불러와 속 가슴 열어주면
강바람에 엎혀사는 개개비 갈 새가 갈 숲에 먼저 들어
앉아 온 여름을 갈갈거리며 갈춤을 추고
강물 속에는
장골 손등만 한 대치들이 가쁜 사랑에 빠져
흙바닥에 자빠졌다.

열일곱 꽃봉오리가
신행길을 가마 타고 건넜다던 곳에
이름처럼 물에 떠 있었다던 외짝 돌다리는, 아직도
전설을 깔고 풀 섶에 누웠는데
예초기 날개가 기억의 풀밭을 돌고 있는 동안에도
멈춘 듯 흐르는 강물만 바라보고 누워계신 어머니

암울한 가족사가 순장된 채로
행렬로 누워있는 봉분의 끝자리에
스물넷 청상과부가 떠서 흘렀던 애환의 강물이
먼 타향을 돌아와 영원히 멈춰선 그 자리에서
성근 기억의 잔디를 고릅니다.

울화로 피멍울 졌던 진달래가
가슴에 온통 불을 질러댔던 그 봄날
회취마당 어머님 장구 장단에
함께 울던 애산 날멩이는 ,
지금도 당신을 끌어안고 있네요.

평생을 하나만 사랑해야 하였기에
아픔이 오히려
행복이었을지도 모를 당신은
그 많던 얼굴의 주름만큼이나 편안하게.
아무렇지도, 가슴 조일 일도 없이
젊디젊은 아버님 가슴에 누워 기쁨입니다.

천금보다 더 무거웠던 당신의 사랑은
영원히 머무를 곳을 향한 당신의
긴 기다림이었네요

말끔히 단장한 당신의 유택 앞에
기다림의 끝에 핀
노란 감국 한 다발을 올립니다.
부디, 부디,
한가위 보름달만 하소서.

六月의 노래

스물넷 청상과부의
바늘 쥔 손끝에선
하얀 옥양목이 버선코로
서고 있었다.

"꽃~다~운 이팔~청~춘
　사랑도 했건~마~는"

노랫소리가 흔들리고
눈에서는 붉은 꽃물이 졌다.
무릎 베고 누운
애비 얼굴도 못 보고
핏덩이로 자란 것이

"엄마" 하고 울자,

과부의 품에서는
까만 머리통 하나가
질식하고 있었다

붉은 꽃물 때문이었다.
꽃물이 뜨겁기 때문이었다.

담 밑에선 모란이
비에 젖고 있었다.

"미~아~리~눈~물 고개
 님이 넘던~이·별 고개"

다음 날도, 다음 날도,
과부의 노래는
옥양목 버선코로 서서
붉은 꽃물로 지고 있었다

六月의 총성은 핏빛 강으로 가라앉고
기억은 시간을 묶고 서 있는데
강은 지금도 천천히

내 곁에서
노래로 흐르고 있다.

명아주 장

경로당 마당
앞길 나서는 할아버지
효도장이 한발 앞서서
생의 물음표를 찍고 간다.

할아버지 팔 보다 더
야물게 말라 꼬인 명아주 장
오, 어쩌면
저리도 영락없이
꼬인 팔다리와 동질일까.

유품 사르던 때가
언제, 쯤 이였던가!

알 수도 없는 길
물어물어 점찍고 간
내 할아버지도
길 짐은 편했것다.

열두 매듭에 꼭꼭 묶인
명아주 장.

대숲이 하는 말

그대가 작은 가슴이라
잔정에 겨워 울어도 좋습니다.
조잘거리며 할 말 다 하고 가도 좋습니다

미치겠으면
몰아치는 바람처럼 흔들어도 좋습니다
떨어도 주고, 넘어질 듯 잡아도 주고
지쳐 쓰러지면
함께 누워 깔려도 주리라

마디마디 하늘에 전할 말 있으면
모두들 다 하라
마음으로 하는 말이라도
내게 한 말은
천명처럼 담아 전하리라

누가 나의 꽃을 보았는가?
푸르고 곧음이
꽃보다 더 큰 아름다움이려니
나는
단 한 번 생을 바치면서
진정한 자유를 보장받는 화인을 찍으리라

하늘은 세상의 안식을 위해
어둠을 주고도
별들 아래에다 달마저 돌게 하지요
행여라도
잠의 안락마저 얻고 싶거든 오라
꿈길을 쓸어주는 천상의 음악마저
요람에 얹어주리

슬픈 역사

산은 깊어 슬프고
길은 멀어 슬프구나
청령포 단애는
가슴이 무너져서 슬프구나

솔은 굽어보면서 푸르러
보면 볼수록 등이 더 슬프고
휘돌아 굽이돌아가는 물은
울어도, 울어도,
되돌아갈 수 없어 슬프구나

우리는 물돌이라
씻기면 씻기는 대로
물에서만 구르며 살지!

물돌은 물돌끼리 라도
돌돌 거리는 소리라도
하면서 살자

이끼 끼지 말고
몸뚱아리, 차라리
깎이고 살자

인생살이 참 엿 같지요

엿 먹어 보라는 말은 간혹 들어도
싫은 듯 싫지 않다
먹기는 불편해도 단맛이니까

인생살이란
어차피 엿 같은 것
졸이고, 이개고, 비비고,
늘이고, 자르고,..

엿판 위의 엿가락들
짙은 화장으로라도
같은 삶을 살고 누웠는데

속은 구멍 숭숭 한숨으로 새어 나온
숨길들은 다르대요
살아온 길은 엿치기같이 서로
대어보면 안다네요

엿가락같이 내 입속에 들어와
억척으로 이빨에 감겼다가
녹아버린 것 들은
내 살이 되어버렸네요 .

황혼

산골 장터의 겨울 해는
한낮에만 잠시
뻥튀기 기계 밑에서 타는
모동가리 불꽃 같다

해종일 네 번
아직은
막차 한 대를 남겨 둔 오후

벌써,
장터도 황혼
버스도 황혼
반 남짓 겨우 앉은
버스 속 장꾼들도 황혼

젊은 것이라야
비닐봉지에 들린
새로 산 장짐들, 뿐

저, 눈발들은 새파란 것들이
버르장머리 없이 뭘 들여다보겠다고
발을 뻗치고 기웃거리나.

사모곡

연분홍빛 연꽃잎이
고와서 눈물겹고
초연한 향기는 하늘 경계를
넘었어라.

엷은 구름 뒤에서
어머님 당신이 햇살처럼
웃고 계시는데요.

몇 년을 괴이는 대로
모아두기만 한 눈물이
하얗게 흩뿌려 지내요.

어머님,
그리움이 쌓이면
진주가 되나요!

안동포 올 곱다고 훨~훨,
바람에 좋다 시며 입고 가신 옷.
한, 삼 년 둘렀으면
이제, 그만 벗으소서.

여름옷은 연꽃잎으로
지어 올리리다
흰 구름 뭉게뭉게 오르면
구름으로 받으소서.

가을옷은
코스모스 꽃잎으로
하늘하늘 이어보리다,
파란 하늘이 연못에 잠기면
잠자리 날개처럼 입으소서.

청춘에 망부 한 몸
눈총 따가워 못 입어본 한
물색 고운 이 옷 입고
하늘하늘 날으소서.
훨 ,훨 ,훨 푸소서.

갑사 가는 길

번뇌煩惱를 흡입하는 직선의 외길
천년 세월이 업장業障으로 굳은 길에
아득히 병렬로 널어 선 은행목들이
보살菩薩의 화인을 온몸으로 받고 선 듯
오가는 발걸음을
탁발拓拔로 담고 있어
수행의 손들이 샛노랗다,

무량無量으로 합장合掌을 한 저 손바닥들이
한 줌 바람을 기다려 듯
찰라札剌의 망설임도 없이 적멸寂滅의 길에
낙화落花한다

이 길에서는
오가는 중생도 바람이려니
매달린 남은 잎들에
애련哀憐을 물들이는 눈빛이리라

누군가는
물든 잎에 그윽이 눈물 뿌리며 걸어가고,
누군가는
깔리는 낙엽 위에 눈물 주우며 걸어 나오고,

낙엽을 밟는 자여!
희열喜悅이 비애悲哀가 남긴
지선至善이였음을,
낙엽 밑에 가을이
온전히 깔렸음이 듣게 되리니

미련한 놈만 짖는 마을

집이라야 서너 채 남은 산골 마을
김장 끝난 뒤에는
해가 산 능선에 선 나무 끝만 넘어서면
온 마을이 하늘보다 먼저 불을 끈다

밤마실이라고 다니는 건
빈 마당을 내 집처럼
돌아다니는 골목 바람뿐

도둑이라야 아는 도둑놈, 그놈,
도둑고양이나, 집고양이나,
밤새도록 담도 없이
아랫배 앓고 다니는 소리

산짐승이나 지키다가
호랭이 밥 대신 묶어둔 개
안방의 이빨 빠진 호랭이가
앓는 소리 듣고 깬들 어쩐다고

밤 길다고 짖는 놈은
밤만큼 미련한
그놈뿐

곱사 할머니 등 펴러 가던 날

한 평도 안 되는 집
아직은 집이 다 만들어지지 않았어,
못자리 옆 제상 위에다
가지런히 모셔놓은 신발 한 켤레

이제야, 굽은 등뼈를 영원히 펴고
안짱다리도 모으고 누울 집
그 집까지는
저, 신발은 양짝 다
가슴에다 꼭 품고 가라고,

뼈가 황골이 져서 다 삭을 때까지 누웠다가
이승보다 더 넓은 저승에서는
등줄기를 활짝 젖히고
좋아서, 좋아서, 돌아다니라고,

등뼈가 곧은
저 아들의 눈물 속에는
-이승에는
다시 올 생각일랑 하지 말라고-

등뼈가 바른
저 딸의 눈물 속에는
-윤회 같은 건 아예, 생각지도 말라고-

타고 난 팔자보다는
성한 눈총이 더 서러워서
피눈물 먹은 자리마다

황토가 더,
빨갛게 운다

癌 癌, 망망함을 찾아간다

천만 명 중의 나, 하나.
겨자씨만 한 것이 인간의 숲을 이탈하는데
하늘은 왜, 더 찌푸리고 미워할까!
쏟아지는 비처럼 나를 잡으러 오겠지!

차보다 내 몸이 먼저
도착해버릴 것 같은 시간을 싣고
차라리, 더 망망함만 있는 항구로 찾아간다

차창 속의 나를 향해
빗방울들이 죽지 않으려고 달려들지만
이제부터는 도망이라는 캡슐에 싸여
나는 항구까지는 갈 것이다
나를 잡아야 살 수 있다면
억수 같이 내게로 다 달려와도 좋다

투명의 벽을 사이에 두고도
나를 잡을 수 있는 건
내 눈의, 눈물이 되어주는 길뿐이니까

나를 잡고 싶으냐고 하면
癌, 癌, 하고 흘러내리는 빗물

너나, 나나,
어차피 사라질 것들끼리
닿을 곳까지는 얼굴을 차창에 붙이고 함께
우는 꼴을 보이고 말자

성격이 독한 안동소주 같았던 선배는
오늘 먼저 갔다,
40년도 넘게 꾸겨 넣은 지식을 상아탑에다
빨아 널었던 그는
癌 癌 하며, 피를 바꾸려고 끼어든 놈과는
함께 살기 싫어 메스꺼운 속을 닫고 말았다

나처럼 망망함을 즐기면서
견뎌보지도 않았다고
그의 영정에 손가락질로 욕을 퍼붓고 왔다
망망함도 몰랐던 천치 바보...

그래, 그래, 나는
내 속에서 나를 이기려는 놈에게도
망망함마저 주어버리자
크산티페가 소크라테스와 함께 살아주어서
그는 자유롭게 죽음을 선택할 수 있지 않았는가,
죽음의 맛은 어떤 것일까!

너희들이 게 맛을 알아!
어느 늙은 배우의 TV 광고 속 음성처럼
망망함에 배 한 척 띄우고
젖은 도롱이와 한 몸이 되어
집게다리부터 맛을 씹어보리라

하늘이 알아서 개일 때까지
비는 더 때려야 한다.
나를 따라오는 비는
더 세게 때려야 한다.

가을 바보

뜬구름같이 흘러간 사랑도
가을하늘 속에 숨었을까!

바보야,
옷깃 스치듯 엇갈리다 만났던 사랑도
그, 때는
뭉게구름처럼 피어나지 않았느뇨
뜬구름이 차라리 꽃구름이지

하늘이 티 없이 푸르기만 할 때는
깔아놓은 추억 속에서
눈물 같은 그리움만 눈을 뜨고 있을 거야.

가을 그리움은
찾아 헤매는 데도 보름은 걸리고
바람에게 가는 길을 묻는데도 보름은 걸리고
보고 싶어 우는데도 보름은 걸리겠지

바보야,
가을이 너를 앙상하게 만들고
황량한 들판에 세워두면 어떻게 할 것인가.
나는 바보라서 그런 건 몰라요

봄은
두려워서 울지도 못하지만
가을은
바보니까
혼자 울어도 괜찮아요.

농소 김종만 시인 특선시집

제 5 부

사랑은 가을에 아물고
봄에 덧나는 것입니다

구례, 그 깊은 골의 산수유꽃이

눈 소름 비벼대서 피어버린 살꽃이
아직은, 겁에 질려서 샛노랗다

이 산은 가슴 속이 너무 깊어서
살 속에 내 손을 깊이 넣어야,
잠투정이라도 하는데

앞산 그림자마저도
밤처럼 와서 누워버리는 곳에
어둠이 너무 깊고도 깊어 임 찾을 길 잃었다고
끝낼 줄 모르고 우는 소쩍새 울음은
감돌기만 하는 제 삶의 한살이에다
눈물 가락을 붙였구나

나라서 길고 긴 밤을 허기진 기억만 모아
꿈속 살풀이로만 풀거나
접힌 숨 한 순배 쉬고 나면
동짓달 기나긴 밤이 다시 찾아오려니

그 밤은 또,
애타는 입술 밤 접어 깨물어서
피멍울만 뚝뚝 쌓으려네.

하루

나를 등져도 좋다고
해는 높은 산도 넘어주고
가장 깊은 곳으로 숨어도 준다.

세상에서 가장
비밀한 것을 만들고 살아보라고
밤의 어둠을 짙게 깔았다

웃기도 하고
울기도 하는 것을
편안하게 보라고
안식의 한가운데 달을 달았다

살아 있는 것은
단 하루도
변함없이 품어주겠다고

해는 또
새벽을 연다.

물푸레나무가 여기에 있었구나

가버려라.
더러운 세월아!
벗어난 길
한순간도 기다려주지 않았구나.

목줄에 묶인 개 같은 삶
되지도 않는 헛박지랄만 하다가
보내버린 세월이구나

아~~ 9월의 신록에 목이 타다
저 푸르름 속으로 내 타는 목을 찢는다
절벽에서 되돌아설 메아리로라도
다시 울려다오

그도 허락지 않으려니 저 신록 속에서
물푸레나무 푸른 회초리를 꺾어다가
새파랗게 물이 들도록 때려다오

자국, 자국,
피멍 든 종아리로
오월의 위대한 신록 속에서
다시, 새롭게 걸어 보고 싶구나

내 몸은 위대해요

내가 엎어져 누워있었어요
겨울 네네 등이 얼마나
아리고 가려웠는지는
얼어있던 땅을 보면 알 수 있지요

꽃샘바람은 창날을 가진 것이 아니고
침을 가졌어요
살고 싶은 나는 침이 더 무서워요
말 못 하는 땅이 얼마나 무서웠으면
진땀을 줄줄 흘리는지
보면 알잖아요.

비명도 못 지르고
찔린 자리마다 붉은 피 꽃을
뾰족뾰족 온통 피웠어요
부항 뜬 자리는
말도 못 하게 더 큰 꽃밭이어요
땅은 위대했고
인내의 꽃은 너무 아름다워요

크게 보면
우리가 사는 세상에는
죽이는 바람과 살리는 바람
딱 두 가지에요.

죽을 바람을 참고 기다리는 동안
우리는 가만히 엎드려서 사색해요.

셀 수 없이 참고
사색한 땅의 가슴이
얼마나 깊고 뜨거운 마음인지는
봄 한 번을 맞으면서도
우리는 짐작할 수 있잖아요.

가을을 걷다 보면

잃은 것 없이
저절로 가슴 아려지는 구월의 끝
누렇게 익는 벼들에도
눈물겹다

강변의 갈대들 머리를
물들여주고 온 바쁜 바람이
날리고 싶은 내 머리카락을 알고
손질을 해주고 간다

아직 바람을
덜 걸러낸 고추잠자리는
마른 나뭇가지 끝에서
아예,
바람을 안고 잔다

강 다리 위에 서서
강물이 흘러가는 것을
보고 있으면
남은 가을의 끝이 어린다

백야의 매미

도심의 깊고 광활한 아파트의 숲
이식된 푸른 허파의 꽈리들이
결핍한 호흡으로도 불안한 녹음을 펴놓고 있다

차라리,
극점을 품어 안은 백야의 가운데다
우리가 발을 붙이고 살 땅은
기울어져 버린 태양의 각도로 밤을 상실했다.

몰입이란 말을 우리 모른다
다만, 전부를 거는 것만이
생의 씨알 하나 얻을 수 있다는 걸
암흑 같은 땅속에서도 형광 된 핏줄의 글씨기에
우리의 뇌리에 새겨졌을 뿐,

목숨 끝,
단 한 번으로도 족할 것을 얻기 위해
이제는,
안식도 없이 피 울음만을 쏟아내야 할
처연한 무리 들이여
탈각을 기다린 세월만을
되돌려 찔러 넣고 가야 하는구나.

추락한 청음이여
향기를 잃어버린 익선관의 귀태여
불면의 밤이 너희를 향해
창을 깊게 닫는구나.

이상향을 그리던 음률이
광란의 절규로 바뀐 속에서
탈진한 겹눈들의 잔영에는
극점의 백야만
환상처럼 아른거릴 뿐

환락의 밤에 빠져버린 운명은
눈물도 없이
가슴만 칠 울음뿐이다.

민들레 꽃

세상 어디엔들 어쩌랴!
하늘 열린 곳이면
잡초 같은 목숨
얽히고설켜 살면 되지.

키 작은 서러움쯤은
언젠가
훨, 훨, 높이 날아 풀고
무수한 발길의 아픔일랑
깊게 뿌리박고
견디면 되지.

세월 붙잡고 다투어 꽃 피운 후
육신의 살 허허롭게 내려놓고
삶의 가파른 흔적 위에
그리움 하얗게 덧씌우더니

이승의 끝자락에서
혼불 하나 밝혀 들고
윤회의 먼 길 떠나고 있다.

세한도歲寒圖 속에 세한도를 그린다

세상을 등지고 사는 법을
창파滄波를 깎아 얻어야 하는 절해고도絶海孤島
이 망망한 가운데
한 점 섬이 더욱 높고도 외롭구나

질풍경초疾風勁草가 바람의 뜻에 있었거니
푸른 바람만 끝도 없이 불어오는 곳에
하늘이 모르는 척
초옥 한 간마저 가시로 둘러놓고
깎아 세워야 할 고독孤獨을 위리안치하였느뇨

해풍이 먹물처럼 닦아내는 고독은
언젠가는, 닦이고 닦여
더 애리하게 세상을 찌르고 휘저어야 하리니
잠시도 놓지 않던 그 붓대는
몇 덩이나 돌을 갈아 마셨던가!

오~ 지친 몸 빚대고 눕고 싶어
다리를 뻗어도
그의 발끝을 하늘이 붓끝처럼
낚아채어 가는구나,

불여귀不如歸,
불여귀不如歸,

울음만 사무치는 새여
한 뜸 한 뜸
아내의 바늘 끝이 노를 저어 오는 밤
갈고 간 그리움은
불원 만 리 펼친 뱃길에 붓끝만 찍고 있네

부모는 뼈와 같고,
처자는 살과 같은데,
수륙만리水陸萬里 그려보던 새벽달이
한낮까지 숨어서도 애잔해라

해풍도 그리움이 사무치다 보면
천길 벼랑 위에 되돌아 앉아
세월의 갈피에다 수구초심을 끼우누나.

아 ~ 절해고도에도 눈은 깊어
기약 없는 발길만 아득하고
세한송歲寒松 지난至難한 절조節操만
먹빛 더욱 푸르게 돋우어라

친구여, 친구여,
나의 마음이 메아리로 닿는 나의 친구야
나는 이제야, 내가 토해놓은
푸른 고독의 정수精髓를 돌돌 말아
임에게 보내나니

내 눈 감은 후에라도
더는 깊이를 헤아릴 수 없는
고매高邁함이라 걸어다오.

*질풍경초疾風勁草 : 바람이 세차야 억센 풀을 알 수 있다는 말
*지난至難한 절조節操 : 처절하게 지켜내는 절개와 지조

내복 한 벌

생전에 입었던 옷은 벗어놓고
불길이 저승길인지
그 길 속으로 들어가신 어머니

벗어놓고 가신
당신의 내복 소지하여 보내는데
전해지는 아픔에
상복 속의 내 살이 뜨겁게 운다

정년퇴지 후의 아들 모습이
더 추워 보였든가
마지막 길 가시면서도
쭈그러졌던 당신 살마저 태워서
내 몸에 입혀놓고 가신다

내복을 왜, 사 오셨어요?

"입으라고"

아들과는 눈을 피하며
입으라고만 하셨던 그 모습
다 타고 흔적 없다

추심의 성찰

앞산을 넘은 가을 햇살이
이슬에 젖어 떨고 있는 가을바람의
가슴을 데워주고 있습니다

우리는 이제 들녘의 황금빛 벼들 위에
가을바람이 편안히 거닐다 가게 해야 하겠습니다.
바람도 아직, 내년을 위한 씨알을
따야 할 일이 남았으니까요

세상에서 어떤 것들도
미완에 가슴을 아파하지 않는 건 없습니다
하루를 펼쳐준 하늘도
그 속을 밝게 보살폈다는 태양도
무언지 모를 부족했음에 하루의 일기장을
붉게 물들일 때가 있습니다

밤하늘의 별들도
보석 같은 눈물을 떨굴 때가 있고
달도, 자신을 스스로 가둔 달무리 속에서
혼자 울 때가 있습니다

이 가을이 우리에게
맑은 하늘을 거울처럼 펼쳐주며
자신의 가슴 속을 비춰보게 합니다

지난날, 나의
미숙한 사랑으로 떠나버린 그를
코스모스처럼 목을 빼고 불러도 보고,

구름 없는 하늘에서 낮달을 찾듯 헤매며
가슴을 적시는 모습,

사랑을 좇아가지 못한 사연을
벗겨진 신발 탓으로 돌렸던 나약함마저
가을은 부끄러움 없이 비춰보게 합니다

바람도, 이제부터
너무 가혹했던 자신의 손 때문에
병치레로 큰 것들을 바라보는 죄책감에
소리를 내며 울어야 할 때가
많아질 것입니다

방파제

넘지 말라고
엄격한 죄의 계명을 쌓아 두었다

바다는 파도가 주인이리니
그 권세로
어떻게 살아도 자유이리라

몰려오는 파도여
영생이 새파랗게 부여되었다고
바람 같은 방종을 원하는가,
끓어 넘칠 분노가 일었는가,

분노를 죽이고 오면
기대고 싶은 언덕이다
뒤돌아보고 하얗게 웃으며
손 흔드는 기쁨도 있다

뛰어넘지 마라
그, 곳은
영혼을 잃는 연옥이다

춘장대 백사장에서

어디서 오는지 묻지 말자
끝도 없이,
파도가 파도를 밀어내는 세상
올 것은 오고, 밀 것은 밀고,
갈 것은 사라지는 그, 곳

인해人海의 세상
나는, 지금 어디에 있는가!
나는, 내가 한 모금의 파도인지 알고 있는가!

바다가 푸른 건 살아 있음이다
세상이 푸른 건 푸른 새싹의 물결 때문이다
푸른 세상의 파도여
오라, 밀어라, 사라져라,

묻지 말자
어디에서 보낸 파도인지 묻지 말자
해 기운 춘장대 백사장으로
등 떠밀려 와서도
물거품이 꽃으로 조용히 사라지는 모습
슬픈 듯, 슬픈 듯,
아름다워라

노을이 아름다운가!
노을빛 반짝이는 파도가 아름다운가!
노을빛에 사라지는 포말이
슬픈가!

춘장대는,
눈보다 더, 먼
바다만 찾고 있다.

억새와의 대화

백수로 고개 숙였다고
무슨 죄를 지은 것도 아니야,
영혼을 위해
나 자신을 바라보고 있는 거야

내 속을 내가 알고
그 속에 나를 채우고 나면

나는 진정으로 자유를 얻는 거야
시공을 날 수 있는
영혼의 생명을 얻는 거야

누구 때문인지
묻지 마라

관심 없이 보아주었던
모든 눈빛을
제자리로
돌려주기 위함이야.

전신주가 하는 말

무수히 달려오는 은어들을
양손으로 단단히 감아지고
전신주는 힘이 겹다.

말 많은 세상이 하는 말을
비가 오나 눈이 오나,
한마디도 빼지 않고
들어주지 않았는가.

누구, 누구는 각성하라!
그런 말은
내 목에 걸지 마라.
바람이 울 때는
나도 너무 아프다.

더러는
새들이 찾아와
노래도 하고 울기도 하지

그럴 때면 나도
웃기도 하고,
울기도 한다.

까치밥

하루, 하루,
일기장을 아리게 메우고 잠들던 노을이
감나무 우듬지에다
아끼고 아끼다, 끝내
메우지 못한 단어들을 남겨놓고
겨울로 넘어갔다.

눈발마저 설핏한 날
노랫말이 점점 궁색해지는
찌르레기 한 마리
주옥같은 건반
두드리고 있다

낙엽이 쓰는 시詩

단풍 곱게 든 낙엽을 주워
시집詩集 속
책갈피에 끼웠지요

낙엽은 자신의 몸에 한평생
지난至難 한 삶을 곱게 물들여서
나의 시집 속에서
지나온 시절의 꿈으로 잠들어 있다

책장을 넘기면
시詩 보다
낙엽이 먼저 꿈을 깬다

묻지도 않는 말을,
어제는, 해맑은 눈동자로
유년의 이야기를 들려주고,
오늘은,
청춘의 이야기를 숨 가쁘게 들려주고,

낙엽의 언어는 시처럼 향기롭다.
어떤 비유比喩도 눈빛 고운
은유뿐이다

봄철의 연분홍빛 사랑 이야기
여름의 열심히 땀 흘렸던 물질 이야기
가을의 원숙했던 언어들은,

우리 처음 바람 끝에서 만났을 때
온몸에서 풍겨 나오던
따사롭고 그윽했던 그 눈빛과 향기,
그래서
우리, 우리가,
맞잡았던 가슴으로 대신하자

아직은 모를 눈 오는 밤
시詩는 그가 밤새워 읽고
그, 때는 아직
하얗게 걸어갈 길을
얘기하자

겨울 안개

수은등 하나가
제 살을 긁어내면서 아픔을 버리고 있다
잿빛으로 뿌려지는 불빛의 살이
소름 돋도록 뺨을 비빈다

차가움의 밀도를 헤집고
무관심의 자유를 배회하다 보면
이 은밀하고 깊은 고독의 한계를
적셔낼 수 있을까,

절개지切開地 끝에 선
굽고 불안한 나무가
뛰어내릴 곳마저 상실했을 때는
저 불빛의 살만이
내 신앙의 양식이다

나는 지금
배를 버리면서
바다 위를 걷고 있다

설 준비하는 아내

이순 나이에도 아내는
설맞이 준비에 혼자 바쁘다.

철없는 며느리
애들 다리고 힘들다고
종일을 서서 움직인 아픈 다리
올려놓을 곳은
단, 한곳 뿐이라고,

세상을 바람으로 산 남자가
이제야,
사람 눈은 감고
풀 먹고 산
짐승의 눈이 된다

남은 세월은
등에 업고도 고개를 웃으며 넘는
진실로 못해본
그런, 사랑을 위해
상한 뼈마디의 관절들을
닦아둬야겠다.

석류

제 밑구멍 간수도 못 하는
애처로운 여자야,

낳기도 전에 금방
깨져버릴 것 같은 새끼들을
밑이 터지도록 품었구나.

내가 산파라 해도
가위질은 정말 못 하겠다.
세상을 이미 봐버린
저, 눈알들이 쏟아져서
어디로 굴러가 금이라도 나면…

하늘이 찢어져서
별이 발아래서 밟힐 것 같아,
못 볼 것 같네

더는,
못 볼 것 같네.

내가 나를 찾는 계절

하늘과 호수가 자리를 바꿔보자고
눈빛을 맞대고 묘하게 웃는다.
눈이 우주인 잠자리만
세상의 가을 자리에 착륙점을 찾고 있다

아직도 남겨 두고 있는
따갑도록 살을 비빌 수 있는 시간
그 소중함을 품기 위해 조붓한 길로 걷자

감나무 가지 끝에서는
끝까지 나를 버리기 위해 처절한
열병을 앓고 있다

부처가 받은 공양이
윤회의 양식이 됨을 깨우치는 동안
겨울은 내 몸을 태우는 불이 되고
하찮은 나도 등신불이 된다

저, 감나무도
살을 태워야 남는 것이
사리라는 걸, 분명
알고 있다

목련꽃의 꿈

가장 들뜬 기다림으로
세상 사람들을 초청하고
세상에서 가장 맑은 차림으로
정중히 기다려서, 나는,

세상에서 가장 순결하고 고귀한
너를 맞는다

사월四月의 신부여.

웅성대고 기다리던 세상 사람들
너를 본 순간 식장은 엄숙해졌다.

그대여,
따사롭고 목마른 사월의
이 짧은 눈빛을 그대에게
갈채로 모아 드리니

봄 꿈이 봄빛에 취한
짧음에서라도
그 순결한 자태로
있어 주오

영흥도로 가라

가슴이 답답한 사람은 영흥도로 가라
가슴을 활활 불태우고 싶은 사람은 영흥도로 가라
전율하는 가슴을 전하지 않고는 못 뵈기는 사람은 가라
인정을 떠나서는 독도까지도 못 갈 사람은 가자
인정을 버리고는 마라도에도 못 갈 사람은 가자

속 타는 전음을 대신 품고
종로에서도, 제물포에서도 잰걸음으로
마주 달리면, 한나절이면 거뜬히 오류에 닿아
가슴을 맞바꾸어 전해주던 사람들
엽전 몇 량에 다리품을 팔던,

그때 그 사람들은
지금은, 오류동에는 한 사람도 없나니
그 사람들의 다리들을 모아
해풍을 담담히 받는 송전의 건각들로 세웠나니

섬에서 바다로, 바다 가운데에서 또, 섬으로
섬에서, 뭍으로, 외로움에서 그리움으로
어깨를 이었으니 외로운 사람, 고독한 사람,
가슴을 활활 태워 전율을 전하고 싶은 사람은
영흥도로 가자

나는 이제,
날아오를 듯 우뚝 서서
굳건한 다리로 대교를 이루고 있으려니
통통거리는 어선들은
훤칠해서 더는 벌려줄 것도 없는 다리 사이로
갈매기 바람 타듯 흘려보내나니

저~기, 저, 떨어진 작은 섬들처럼
마음이 막막한 사람들아
지금 우리가 말을 하면 오히려,
사치스러워질 고독보다는
손길 닿지 않아
저 외로움의 섬으로 떠 있는 것들
흘려보내고 흘려보내는 위안이 되리니
이 다릿발 아래로 거뜬히 흘러 모여

영흥도로 가자, 영흥도로 가자,

그대들 가슴 활활
전율로, 전율로 태워버려라
저 해무 속의 굳건한 건각들이
아릿한 전율
담담히 전하고 있지 않은가.

농쏘 김종만 시인 특선시집

제 6 부

마지막 가지고 갈
단, 한 가지

계룡산을 바라보며

산은 언제나
제 살을 깎아서
제 몸에 맞는 옷을 입는다.
늠름하고 우뚝하게 앉아만 있을 뿐
세상일에는 간섭이 없다.

시원의 출발을 아는 건 바람과 비
바람을 둘러 세상일을 알고
비를 불러 역사만 쓸 뿐

뉘라서
인간사가 끝없이 분주하다 했나,
기껏 펼쳐진 산의
옷자락만 밟고 때를 묻힐 뿐

세상이 조용하면
더 푸르게 젊어지는 산
한낮에도 안개를 두르고
사랑잠에 빠진다.

해가 슬쩍
눈을 감는 날에는,

그 겨울의 연이 오른다

끊어져 날아간 연 하나 때문에
발 동동 구르고 울었던 날
얼었던 샛강 둑을 넘어서 간 당신
뒤처져 기다리던 어린 것은
또, 한번
가슴이 무너졌지요

샛강 얼음물이
연도, 엄마도, 삼킨 줄 알고,

황량한 벌판 한가운데서
언 눈물 닦아주며 펑펑 울던 당신
그날, 그, 눈물은
7년 소복이 삭고 삭아
생살 찢어놓는 바람 때문이었지요.

지금도, 그 강둑에 서보면
뒷집 오근이 형에게
구설을 한 주머니나 주고 바꿨던
그날의 그, 참연*방패연* 하나가
얼굴도 못 본 아버지보다
더 소중했지요

어머님께서도
강 넘어 날아갔던 그 연이
죽은 남편보다 훨씬 더 소중했었지요!
그랬었지요?

지은 죄도 없이
죄인이었던 청상과부는
아들이 붙잡고 있는 연이
높이 나는 날은
하늘을 마음껏 올려다
볼 수 있었겠네요.

보리암 낙조

나는, 이곳에 앉아 비로소
모았던 우주의 숨을 내쉬어 보노라.

죄도 아닌 원죄의 기도를 짊어진 자여
갔다가 또 올 것을 위해서도
이렇게 아린 가슴 태우며
연민의 손길 모아야 하는가!

살아도, 살아도,
모를 것은 몰라야 하는 것이
내게 남겨진 죄명이려니

처음 깨달음은
살아 있는 나무 밑에서 얻고
마지막 깨달음은
천만년 세월
내 옷자락에도 갈리고 있는
죽은 줄로만 아는
이 바위가 품었으리라

진공묘유,
이제 어둠이 무겁게 깔리기로
새벽이 빨리 오라고 부채질을 하겠느뇨
밝음을 다시 보려면
밤이 추운 자들의 어깨에
옷을 얹어야지.

그냥은 억새가 내세의 꽃이 될 수 없다

죽은 것이 저렇듯
엄청난 꽃이 될 수 없다
모두가 다 꽃으로 승천하랴.

비바람 억센 세상에서
터전을 만들자고
억세게들 살았었기에
죽음에도 당당하다.

꼿꼿하게 살고, 강하게 살고,
높은 뜻을 세우고 살았다
서로가 어깨를 맞추었다,
바람보다 더 날카로운 칼을
우리를 위해 함께 들었다.

아~ 저 무리 들은,
이념이 맑고
아름다움을 알고
내세를 보장받는 신앙을 품었으리.

이제야, 하늘은 바람이
버릇처럼 말하는 언덕이라면
어디에나,
확실한 윤회의 세상을
열어줄 수 있다고 한다.

길의 고갈

한동안 방치해 두었던 자전거
더, 이상의 공복은 깔 수 없다는 눈빛이다
무관심의 각질이 온몸에 소복하다.
페인트가 들고 일어난 부위는 한때 뜨겁게 데인 부위
각질을 털어내고 보니 붉은 녹이
제 몸에 뿌리를 내리고, 제 몸을 축내고 있다
주저앉은 튜브에 바람을 넣는다.
심폐소생술을 받고도
왜 살려 놓았냐는 듯 무표정이다.
바람은 자전거의 길이다
길이 채워진 바퀴는
제 몸에 있던 길을 뽑아내며 또, 달릴 것이다.
거친 숨소리에서 단내가 난다
빈사 직전의 어머니를 업고 뛴 일이 있다.
혼자 서있는 무게에도 바람이 빠졌다는 진단
갈아 업힌 채 가뭄을 견뎠던 마른 논
물꼬만 입을 벌리고.
호흡기를 물고서야 어머니는 생기가 되돌아왔다.
생기를 찾은 바퀴가 물이 차고 있는
논길을 따라 달린다.
핏기가 도는지 차갑던 안장이 따뜻하다.
psi40~50보다는 언제나 모자랐던 공기압

마찰력을 감수하며 빠져나갔던
어머니의 외길
남아있는 길의 고갈
눈물만큼 빨리 마를 것 같아
달리는 것이 두렵다.

*Psi40~50: 자전거 타이어의 적정 공기압

월정사 길

청춘은 깎은 머리에서
더 푸르오.

산 고개 훨훨
가사 장삼이 구름 같소.

도화꽃 핀 개울물 따라 올라올 때
물빛에 흔들리던 건 없었나요.

흐르는 물은 눈같이 흰 물이니
발길 멈추고
흰 고무신 씻어 말리고 간들

잠시
맴돈 물살이
탁해질 일이 뭐 있겠소.

할미꽃

등골이 빠져 죽은 할머니는
죽은 뒤에도 굽은 등뼈는
펴지지 않았지요.

팔자란 고치는 것 보다
굳히는 것이 싶다고
죽을 때까지 삶이란 것에 팔자를
거꾸로 매달아 놓고 사신
할머니의 생은

눈 맞은 대나무처럼
굽을 대로 굽어서
푸르렀던 청춘부터
누렇게 바래졌지요.

귀머거리 3년
당달봉사 3년
반벙어리 3년

시어머니 시집살이 맹물로 채우고
서방님 봉사는 울분으로 채우고
자식새끼 건사는 한숨으로 채우고

곱삶기 10년
시래기죽 10년

검은 머리 하얗도록
등골만 빼고 간 할머니는
저승길도 홀로
등 굽은 홀씨로
땅만 보고 날아갔지.

청명에 죽으나, 한식에 죽으나
그날이 그, 날이라던 할머니,

할머니 무덤에 꽃이 폈다.
등 굽은 꽃이 폈다.

영정 속 얼굴

꽃 속의 당신 모습
아니네, 아니네,
마지막 내 손 잡고
바라보던 그 모습이 아니네,

빈객 드문 자리
애타는 향이 혼자 눈물 지우고
국화꽃들도 어깨가 처진다

생전에도 외로웠던 사람
가는 길에도 외롭게 가려는가!

십 년도 더 젊었던 사진
환한 측 했던 웃음에
그림자 낀 모습

그래도,
십 년은 더 살고 싶어서
젊은 얼굴로 왔다고,

어느, 누구에게나
말하려 하오.

당신의 무덤가에

햇살 바라진 산자락 무덤가
사운거리게 깔려 있는 잔디밭에
두어 그루 다복하게 핀 진달래꽃
울고 싶도록 붉게 피어 섰다.

잡초 돋아나면
그 마음 더럼 탈까 봐
청명 한식이면 어린놈 손 잡고 와서
쑥부쟁이 질긴 뿌리 모질게도 뽑더니

훠이, 훠이,
철새처럼 휘돌던 세월
구만리 창천까지 갈 것 뭐 있겠소
당신 곁에 누워
잔디 이불 한 자락 당겨 덮으면 되지!

질기고 질긴 인연의 끈
가지 끝에 앉은 혼령의 불
순한 가슴 애절히도 피멍울 들이더니
음력 삼월 보름 아슴아슴한 밤에
이제 사 뉘 울어라
두견이는 저리도 우는가!

막걸리 맛

시골 고향 죽마 지우가 부어주는
위로 같은 말

"니도 요새는 힘들제
 자, 한 잔, 해봐라"

말수가 없고 막걸리같이 텁텁한 사람
촌스러워도 정 깊은 사람
무명 바지춤에 짚단처럼 묶어 둔 정
컬길하게 풀릴 때는
사발 띄기 라야 제맛이지

목젖 불컥, 불컥,
뱃가죽 그득하게 들이키고
풋풋하게 익은 정은
코끝, 찡끗하게 트림으로 나누고
입가에 묻은 남은 정은
옷소매 끝으로라도 훔쳐두어야지

고향이 있고 그대 있으매
내사, 사는 맛이야,
걸쭉한 그, 맛 말고는

이보다 더 거나하게 취할 맛
어디엔들 있으려고.

손자놈 고추 이야기

아버지도 나도
저, 고추 하나 따려고
밭 갈고 씨를 뿌렸었지

쪼글쪼글해도 탱글탱글 익는 것
금싸라기 같은 씨알이
꽉 찼을꺼,

발가벗고 뛸 때는
수, 금, 지, 화, 목, 토, 천, 해, 명,
저놈들은 위성
나는 태양

햇살 포실한 밭에서
바짝 익히면
화끈, 화끈, 매운 세상맛을
거뜬히 내겠다.

숲의 마음을 빌려드리겠어요

새의 마음을 알지 말아요.
나는 새의 울음만 믿고 살아요.
종달새는 구름 속에서
나 잡아 봐라, 나 잡아 봐라, 하고 울면서
둘만이 하는 구름 속에서의 사랑에
나는 그만, 아득히 눈을 감고 말아요.

녹음 속에 마음을 방목해서 키우는 휘파람새는
푸른 나뭇잎에 매달려서
온몸에 풀물이 배게 놀고 있는 마음들을
온종일 휘파람으로
휘로록 휘로록 불러 모으지만
새파랗게 잎 하나씩의 자유를 즐기는데
익숙해진 마음들이, 어디
말을 잘 듣나요.

오월엔 아직 한참은 더 잠도 없이
푸르고 싶겠지요.

그래도 숲의 어둑살이, 이제, 그만두고
함께 쉬어요. 하고, 권할 때까지
한결같이 녹음을 풀어내는 휘파람새의
변함없는 그 여유로움은

내가. 이 맑은 개울물을 내 목으로 흘려보내며
여름이 끝날 때까지 씻어서라도
비슷하게 닮기나 한다면
나는 죽을 때까지 흐르는 물에
내 영혼을 맡기겠어요.

건너편 밤나무 숲에 새로 이사를 온 새는
서로 인사를 안 해서
나는 자기의 얼굴도 모르는데
매일 같이
"섭섭해요," "섭섭해요," 하고, 울어요.
목소리가 너무 젊고 맑아서 그를 만나면
"내가 눈길 주지 않아서 섭섭했냐고",

살갑게 눈 애무를 하며
이제야, 우리가 늦었지만 사랑만 하면
섭섭하지 않겠지요? 하고
함께 웃음 속에 빠지고 싶어요.

못 본 놈 또 있어요.
아직은 유월인데도 녹음 속에 몸을 숨기고
4분의 2박자로 울어대요.
"홀딱 벗고", "홀딱 벗고", 하고
뻐꾸기처럼 울어서
홀딱뻐꾸기라 불리는 홀딱새지요.
숲이 더 새파랗게 출렁거리면
그놈 때문에도 우리가 모두 에덴동산에서처럼
실오라기 하나 걸치지 않고 살게 될 날이
올 거라고 믿어요.

딱따구리 목소리를 찾았나요.
딱따구리가 나무속을 파는 건
살아 있는 나무가 생불이 되라고
통째로 목탁을 만드는 것이란 걸, 아는 사람은
숲속 사람이 아니면 잘 몰라요
아침저녁으로 예불을 드리며
목탁이 아직 미완이니
"내 딕한 목소리라도 공양하겠어요". 하고
정성을 보여요

하지만, 이 숲속에도 무참함은 있어요.
누군가에게 무참하게 생이별을 당한 새는
정말 무참하게 울어요.
두견이는 밤새도록 잠마저 잊고 울지만
짝 잃은 산비둘기는 눈만 뜨면
숲이 떠나갈 듯 통곡을 해요

더 무참한 건
악마가 내는 아름다운 목소리지만
순수만 아는 오목눈이는 악마의 새끼를
죽을힘을 다해 키워내고도
또, 다시, 자신의 새끼를 키우는
바보로 살아가요.

숲은 모든 걸 다 알고 있으면서
내년을 기다려, 다시
새로운 세상을 열어주고
숲 사이에 새들을 살게 해요.

그대들은 공짜로
숲의 마음을 빌리겠어요.

동종이 왜 울겠습니까

조선의 동종이 울 때
지구는 밥그릇을 종 밑에 두고
밥을 받아 담습니다.

지구의 밥은 울음입니다.
삼라만상의 울음
그 혼합의 울음은 웅혼합니다.

동종은 자신의 몸을
하늘에 걸어놓고
생멸의 소리를 빈 가슴에 품고
제 몸의 아픔으로 웁니다.

이명은 어디에도 없습니다.
바위가 부처로
손을 모으는 것을 보았지요.

지구의 밥값은
생멸을 만드는 것이지요.

세월의 얼굴

세월이란
들숨과 날숨의 극치다

나를 싹틔우고, 나를 꽃피우고
사랑하라, 사랑하라고,
눈을 짓무르게 하고,

꿈도 깨기 전에
몽환의 열매를 안겨놓고
바람이 세월이니, 돌아보지 말고
끄덕이며, 끄덕이며, 그리 알라 했지,

이제, 그만,
등 떠밀지 말라고 하는 내 말에도
싫으면 돌아나 보고 말하라 하네,

아하, 등 뒤의 모습 그, 것, 이었어!

흔적들에서 바람이 일구나.
바람이 나에게
가던 길이나 온전히 가라고
등을 떠미네.

우포늪 우주

유성이 숨어버린 자리
별이 바늘에 물려 나온다.
입술을 깨물며 참는 호수의
분만 통이
내 손끝에서 전율한다.

전부를 안은 어둠 안에서
달이
끝을 알 수 없는 보살행을 위해
달무리에 들어앉아 머리를
밀고 있다

물가를 헤매다 몸이 시려지는 바람이
갈대숲으로 들어간다.
잠들었던 갈대들이 옷섶을 열며
얼굴도 모르는
새로운 존재들을 껴안는다.

호수가 밤이 깊을수록
꿈보다 깊은 생성을 물안개로 피워내고
종다리께 속에 갇힐 내가 가엾다고
달무리 속의 달이
가슴에 수심을 품는다.

단풍잎 물드는 이유

세상에 이 많은 사람
한 그루 나무에도 이 많은 은행잎들
때가 오면 물들 줄 아는 이 많은 단풍 잎들아,

이 계절에 만약에, 우리가 단풍들지 않는다면,
가을이 우리에게 무슨 소용이리

뜨겁던 햇살이 몸을 빼며
체온을 내려주는 이유가
타지만 말고 아름답게 물들어라, 하고

바람도
우리들 가슴 사이로 알뜰하게 다니면서
식는 것을 두려워하는 가슴들을
만져주듯 위로하며
떨어지는 우리를 받아 안아주지 않는다면
가을바람이 우리에게 무슨 소용이랴

우리가 때를 아는 건
시키는 이유나,
따르는 이유나,
우리가, 우리가 우주의 영혼으로
숨을 쉬기 때문일 거야.

하현달 그 기다림의 고통

새벽의 눈빛이 산언저리를 쓸며
달아나려는 어둠의 정수리를 누르고 있다

냉기를 알몸에 바르며 밤을 보낸 유리창이
맨살로 웅크린 침상을 기웃거린다.
밤을 말리며 기회를 기다렸던 새파란 환도 하나
유리창에 눌린 내 눈동자를 게슴츠레 응시한다.

잘 굳은 도토리묵을 썩 잘라가듯
내 간엽 하나를 도려내고도
피 한 방울도 묻히지 않는다.

남은 간엽이 통증을 보이지 않으려 웅크린다.
부어오르기만 하는 통증
가슴이 터질 때까지 내 고통을 꿰매야 한다.

나는 차라리 나의 새벽을 뒤엎고 싶다
사랑이 만유의 구심력이라는 절대자의 음성에
내 영혼을 돌팔매질하며
어둠 속에서 시지프스의 고통을 영원히 재발하자

산을 줄넘기하는 저 칼은, 다시
수축을 반복해야 하는 내 간덩이다.

춤추는 점들이 되겠나이다

천수천안 관음이시여
당신이 펼쳐놓은 노을 안에서
저 무수한 점들이 휘돌이 군무를 추며
황홀경을 연출하고 있습니다

천 개의 손과 천 개의 얼굴을 가지신 관음이시여
당신의 그, 가없는 손끝으로
천수만 물결 위에다
장엄한 노을을 광배光로 펼치시고
내세의 극락을 본으로 열었나이까

천 개의 얼굴로 새벽 여명을 열고
품어야 할 생명들이
저마다의 섭리대로 하루를 건널 수 있게 살피시고
안식의 밤 앞에서
언젠가는 멈출 윤회 뒤의 생령을
점을 찍어 보시나이까

저, 점들에 날개를 주셨나이까
이렇듯 붉고 찬연한 노을의 광배 앞에서
저, 날개들 에게만
황홀의 극치라는 니르바나의 춤을
습작하게 하셨나이다

저기, 저 춤을 친견하기 위해
이 장관의 천수만으로 모여든 생명들이
진정할 수 없는 가슴으로
탄성의 팔을 벌리는 모습은 보옵니까

아! 나는
아직은 노을에 안겨 있는 이 물결 위를
고이 씻은 맨발로 건너가서
황홀경 속의 한 개의 점이 되어
저, 극치의 춤에 빠지겠나이다

나에게도,
춤출 수 있는 날개를 주시옵소서

관음이시여
당신의 눈으로 노을을 거두시기 전에
당신의 손으로, 날개를,

우리에게도
날개를 주옵소서.

수월 관음상

탁한 것을 더 맑게 건지려고 기다립니까
실체의 그림자만 건지시는 이여
아무도 몰래, 혼자서만
그림자마저 흔들리지 않게
눈물로 손 모으라 하셨나이다

새벽 깊도록
엎어졌다 일어서기를 반복한
초 동강 하나.
샘가에 하얗게 퍼져 누웠나이다
불태우고 남은 흔적은 버리시겠지요

날 새기 전 합장했던 손
거두고 간 그, 몸은 보이지 않고
반쪽밖에 안 되는 달이, 혼자
샘가의 나무 위에서 보았다는 듯이
앉았습니다

해 뜨기만을 기다린 새벽하늘이
차라리, 붉은 손을 모읍니다
병들은 듯 매달린 벚나무 잎 두 장
아직도 몸 색을 맑히지 못한 아픔에
끝내, 두 손 모으려

물 위에 좌정했습니다.

타는 것은 타는 대로
물드는 것은 물드는 대로
이렇게 시린 새벽에도
샘 찾은 목마름을, 목마름을
당신은,
당신은,
아시나이까.

癌암 치료

내 속에서 또 하나의 내가 알차게
자라고 있었다.
몸속 가장 가난한 곳에서 자라
가장 욕심 많은 곳으로
분가까지 하고 살아가고 있는 줄을
전혀 몰랐던 나는,

그것이,
지나온 내 삶을 영락없이 빼닮은
진정한
나였다는 것을,

숨어서 자란 것이
얼마나 이를 악물고 살아왔으면
저렇게 단단할까!
더, 이상은 허용할 수 없는
부끄러운 자신의 분리를 막기 위한
치료가 시작된 때부터
깨닫기 시작했다.

그, 때부터 나는
그, 것을, 알기 위해

종교의 문마저 두드렸다.
생이란 것은

하늘이 주는 천수의 때를 알기 위해
쫓아가는 것 같기도 하고,
알 것도 같고, 모를 것도 같은 천수,
살아온 이유가 바로,
돌아가는 이유가 되게 살아야 한다고…

가장 중요한 건
가벼워야 한다는 것
보낸 곳에서 나를 부르면
향기처럼 가야 한다는 것

癌암 癌암
이 글자를 마음 벽에 붙였다.
내 속에 있는 산처럼 쌓인 입들을
허물어보자고.

*가난한 곳: 대장
*욕심 많은 곳: 간

품향

암자 앞마당
초겨울 햇살 속에서
모과 몇 알을 담아왔다

못생긴 스님 말씀이
맑은 듯 진향眞香이다.

바람은
세월의 속을 익히고
세월은 제 살을 삭히면서
향기로
내일을 약속한다.

광주리에 점안해서
마지막 남은 세월 받이를
함께 하고 싶다

쓸쓸하다

한철 지난 시월의 백사장
쓸쓸한 눈빛
흔적의 발자국만 발밑에 두고 가네

뒹굴었으리
파도도, 포말도,
모래여, 너와 나의 알몸들도
바람도 구르다 잠들었으리

숱한 울음마지
잠들어 있는 백사장
파도가 나를 부르는 눈빛
더 쓸쓸하다.

농소 김종만 시인 특선시집

풀리는 물은
꽃의 살이 된다

초판발행	2023년 03 월 01 일
지은이	농소/ 김종만
펴낸이	안 명 기
퓨지 디자인	백 종 민
편 집	안 녕 기
펴낸 곳	도서출판 댕글
등 록	제 2022 - 000018호

주소 서울특별시 강동구 명일로 27길 31
전화 (대표) 010 - 9449 - 6691
저자 전화: 010 - 6630 - 0759
E-Mail jm1951@naver.com

정가: 14,500원

ISBN: 979-11-978756-3-2   부가번호: 03810

*이 책의 저작권은 저자와 도서출판 댕글에 있습니다.
*잘못된 책은 구입하신 서점에서 교환 가능합니다.
*저자와 협의로 인지는 생략합니다.